JOHANN WOLFGANG VON GOETHE

URFAUST

Faust in ursprünglicher Gestalt

HAMBURGER LESEHEFTE VERLAG
HUSUM/NORDSEE

NACHT

In einem hoch gewölbten engen gotischen Zimmer

Faust unruhig auf seinem Sessel am Pulten

FAUST. Hab nun, ach, die Philosophei,
Medizin und Juristerei,
Und leider auch die Theologie
Durchaus studiert mit heißer Müh.
Da steh ich nun, ich armer Tor,
Und bin so klug als wie zuvor.
Heiße Doktor und Professor gar,
Und ziehe schon an die zehen Jahr'
Herauf, herab und quer und krumm
Meine Schüler an der Nas herum
Und seh, dass wir nichts wissen können,
Das will mir schier das Herz verbrennen.
Zwar bin ich gescheuter als alle die Laffen,
Doktors, Professors, Schreiber und Pfaffen,
Mich plagen keine Skrupel noch Zweifel,
Fürcht mich weder vor Höll noch Teufel.
Dafür ist mir auch all Freud entrissen,
Bild mir nicht ein, was Rechts zu wissen,
Bild mir nicht ein, ich könnt was lehren,
Die Menschen zu bessern und zu bekehren;
Auch hab ich weder Gut noch Geld,
Noch Ehr und Herrlichkeit der Welt.
Es möcht kein Hund so länger leben!
Drum hab ich mich der Magie ergeben,
Ob mir durch Geistes Kraft und Mund
Nicht manch Geheimnis werde kund.
Dass ich nicht mehr mit saurem Schweiß
Rede von dem, was ich nicht weiß.
Dass ich erkenne, was die Welt
Im Innersten zusammenhält,
Schau alle Würkungskraft und Samen
Und tu nicht mehr in Worten kramen.

O sähst du, voller Mondenschein,
Zum letzten Mal auf meine Pein,
Den ich so manche Mitternacht
An diesem Pult herangewacht!

Dann über Bücher und Papier,
Trübselger Freund, erschienst du mir.
Ach könnt ich doch auf Bergeshöhn
In deinem lieben Lichte gehn,
Um Bergeshöhl' mit Geistern schweben
Auf Wiesen in deinem Dämmer weben,
Von all dem Wissensqualm entladen
In deinem Tau gesund mich baden!

Weh! steck ich in dem Kerker noch?
Verfluchtes dumpfes Mauerloch,
Wo selbst das liebe Himmelslicht
Trüb durch gemalte Scheiben bricht!
Beschränkt von all dem Bücherhauf,
Den Würme nagen, Staub bedeckt,
Und bis ans hohe Gewölb hinauf
Mit angeraucht Papier besteckt,
Mit Gläsern, Büchsen rings bestellt,
Mit Instrumenten voll gepfropft,
Urväter Hausrat drein gestopft –
Das ist deine Welt, das heißt eine Welt!

Und fragst du noch, warum dein Herz
Sich inn' in deinem Busen klemmt?
Warum ein unerklärter Schmerz
Dir alle Lebensregung hemmt?
Statt all der lebenden Natur,
Da Gott die Menschen schuf hinein,
Umgibt in Rauch und Moder nur
Dich Tiergeripp und Totenbein.

Flieh! Auf! hinaus ins weite Land!
Und dies geheimnisvolle Buch
Von Nostradamus' eigner Hand –
Ist dir das nicht Geleit genug?
Erkennest dann der Sterne Lauf,
Und wenn Natur dich unterweist,
Dann geht die Seelenkraft dir auf,
Wie spricht ein Geist zum andern Geist.
Umsonst, dass trocknes Sinnen hier
Die heilgen Zeichen dir erklärt.
Ihr schwebt, ihr Geister, neben mir,
Antwortet mir, wenn ihr mich hört!

(Er schlägt das Buch auf und erblickt das Zeichen des Makrokosmus.)

Ha! welche Wonne fließt in diesem Blick
Auf einmal mir durch alle meine Sinnen.
Ich fühle junges heilges Lebensglück,
Fühl neue Glut durch Nerv und Adern rinnen.
War es ein Gott, der diese Zeichen schrieb,
Die all das innre Toben stillen,
Das arme Herz mit Freude füllen
Und mit geheimnisvollem Trieb
Die Kräfte der Natur enthüllen?
Bin ich ein Gott? mir wird so licht!
Ich schau in diesen reinen Zügen
Die würkende Natur vor meiner Seele liegen.
Jetzt erst erkenn ich, was der Weise spricht:
„Die Geisterwelt ist nicht verschlossen,
Dein Sinn ist zu, dein Herz ist tot.
Auf! bade, Schüler, unverdrossen
Die irdsche Brust im Morgenrot.“

(Er beschaut das Zeichen.)

Wie alles sich zum Ganzen webt,
Eins in dem andern würkt und lebt!
Wie Himmelskräfte auf und nieder steigen
Und sich die goldnen Eimer reichen!
Mit segenduftenden Schwingen
Vom Himmel durch die Erde dringen,
Harmonisch all das All durchklingen!

Welch Schauspiel! aber, ach, ein Schauspiel nur!
Wo fass ich dich, unendliche Natur?
Euch Brüste, wo? Ihr Quellen alles Lebens,
An denen Himmel und Erde hängt,
Dahin die welke Brust sich drängt –
Ihr quellt, ihr tränkt, und schmacht ich so vergebens?

(Er schlägt unwillig das Buch um und erblickt das Zeichen des Erdgeistes.)

Wie anders würkt dies Zeichen auf mich ein!
Du, Geist der Erde, bist mir näher;
Schon fühl ich meine Kräfte höher,
Schon glüh ich wie vom neuen Wein.
Ich fühle Mut, mich in die Welt zu wagen,
All Erden Weh und all ihr Glück zu tragen,
Mit Stürmen mich herumzuschlagen

Und in des Schiffbruchs Knirschen nicht zu zagen.
Es wölkt sich über mir –
Der Mond verbirgt sein Licht!
Die Lampe schwindet!
Es dampft! Es zucken rote Strahlen
Mir um das Haupt. Es weht
Ein Schauer vom Gewölb herab
Und fasst mich an.
Ich fühl's, du schwebst um mich,
Erflehter Geist!
Enthülle dich!
Ha! wie's in meinem Herzen reißt!
Zu neuen Gefühlen
All meine Sinne sich erwühlen!
Ich fühle ganz mein Herz dir hingegeben!
Du musst, du musst! Und kostet es mein Leben.
(Er fasst das Buch und spricht das Zeichen des Geists geheimnisvoll aus. Es zuckt eine rötliche Flamme, der Geist erscheint in der Flamme in widerlicher Gestalt.)
GEIST. Wer ruft mir?
FAUST *(abwendend)*. Schröckliches Gesicht!
GEIST. Du hast mich mächtig angezogen,
An meiner Sphäre lang gesogen,
Und nun –
FAUST. Weh! ich ertrag dich nicht.
GEIST. Du flehst eratmend mich zu schauen,
Meine Stimme zu hören, mein Antlitz zu sehn.
Mich neigt dein mächtig Seelenflehn.
Da bin ich! Welch erbärmlich Grauen
Fasst Übermenschen dich! Wo ist der Seele Ruf?
Wo ist die Brust, die eine Welt in sich erschuf,
Und trug, und hegte, und mit Freudebeben
Erschwoll, sich uns, den Geistern, gleich zu heben?
Wo bist du, Faust, des Stimme mir erklang,
Der sich an mich mit allen Kräften drang?
Du! der, den kaum mein Hauch umwittert,
In allen Lebenstiefen zittert,
Ein furchtsam weggekrümmter Wurm.
FAUST. Soll ich dir Flammenbildung weichen?
Ich bins, bin Faust, bin deinesgleichen.
GEIST. In Lebensfluten, im Tatensturm
Wall ich auf und ab,
Webe hin und her!

Geburt und Grab,
Ein ewges Meer,
Ein wechselnd Leben!
So schaff ich am sausenden Webstuhl der Zeit
Und würke der Gottheit lebendiges Kleid.
FAUST. Der du die weite Welt umschweifst,
Geschäft'ger Geist, wie nah fühl ich mich dir!
GEIST. Du gleichst dem Geist, den du begreifst,
Nicht mir! *(Verschwindet.)*
FAUST *(zusammenstürzend).* Nicht dir?
Wem denn?
Ich, Ebenbild der Gottheit,
Und nicht einmal dir? *(Es klopft.)*
O Tod! ich kenns, das ist mein Famulus.
Nun werd ich tiefer tief zunichte!
Dass diese Fülle der Gesichte
Der trockne Schwärmer stören muss!

Wagner im Schlafrock und der Nachtmütze, eine Lampe in der Hand. Faust wendet sich unwillig.

WAGNER. Verzeiht, ich hört Euch deklamieren.
Ihr last gewiss ein griechisch Trauerspiel?
In dieser Kunst möcht ich was profitieren,
Denn heutzutage würkt das viel;
Ich hab es öfters rühmen hören,
Ein Komödiant könnt einen Pfarrer lehren.
FAUST. Ja, wenn der Pfarrer ein Komödiant ist;
Wie das denn wohl zu Zeiten kommen mag.
WAGNER. Ach, wenn man in sein Museum gebannt ist,
Und sieht die Welt kaum einen Feiertag,
Man weiß nicht eigentlich, wie sie zu guten Dingen
Durch Überredung hinzubringen.
FAUST. Wenn Ihrs nicht fühlt, Ihr werdets nicht erjagen,
Wenns Euch nicht aus der Seele dringt
Und mit urkräftigem Behagen
Die Herzen aller Hörer zwingt.
Sitzt Ihr einweil und leimt zusammen,
Braut ein Ragout von andrer Schmaus
Und blast die kümmerlichen Flammen
Aus Eurem Aschenhäufchen aus!
Bewundrung von Kindern und Affen,
Wenn Euch darnach der Gaumen steht!
Doch werdet Ihr nie Herz zu Herzen schaffen,

Wenn es Euch nicht von Herzen geht.
WAGNER. Allein der Vortrag nützt dem Redner viel.
FAUST. Was Vortrag! der ist gut im Puppenspiel.
Mein Herr Magister, hab Er Kraft!
Sei Er kein schellenlauter Tor!
Und Freundschaft, Liebe, Brüderschaft,
Trägt die sich nicht von selber vor?
Und wenns Euch Ernst ist was zu sagen,
Ist's nötig Worten nachzujagen?
Und all die Reden, die so blinkend sind,
In denen Ihr der Menschheit Schnitzel kräuselt,
Sind unerquicklich wie der Nebelwind,
Der herbstlich durch die dürren Blätter säuselt.
WAGNER. Ach Gott, die Kunst ist lang
Und kurz ist unser Leben!
Mir wird bei meinem kritischen Bestreben
Doch oft um Kopf und Busen bang.
Wie schwer sind nicht die Mittel zu erwerben,
Durch die man zu den Quellen steigt!
Und eh man nur den halben Weg erreicht,
Muss wohl ein armer Teufel sterben.
FAUST. Das Pergament, ist das der heilge Bronnen,
Woraus ein Trunk den Durst auf ewig stillt?
Erquickung hast du nicht gewonnen,
Wenn sie dir nicht aus eigner Seele quillt.
WAGNER. Verzeiht, es ist ein groß Ergetzen,
Sich in den Geist der Zeiten zu versetzen,
Zu schauen, wie vor uns ein weiser Mann gedacht,
Und wie wir's dann zuletzt so herrlich weit gebracht.
FAUST. O ja, bis an die Sterne weit!
Mein Freund, die Zeiten der Vergangenheit
Sind uns ein Buch mit sieben Siegeln.
Was ihr den Geist der Zeiten heißt,
Das ist im Grund der Herren eigner Geist,
In dem die Zeiten sich bespiegeln.
Da ist's denn wahrlich oft ein Jammer!
Man läuft euch bei dem ersten Blick davon.
Ein Kehrichtfass und eine Rumpelkammer,
Und höchstens eine Haupt- und Staatsaktion
Mit trefflichen pragmatischen Maximen,
Wie sie den Puppen wohl im Munde ziemen.
WAGNER. Allein die Welt! Des Menschen Herz und Geist!
Möcht jeglicher doch was davon erkennen.

FAUST. Ja, was man so erkennen heißt!
Wer darf das Kind beim rechten Namen nennen?
Die wenigen, die was davon erkannt,
Die töricht g'nug ihr volles Herz nicht wahrten,
Dem Pöbel ihr Gefühl, ihr Schauen offenbarten,
Hat man von je gekreuzigt und verbrannt. –
Ich bitt Euch, Freund, es ist tief in der Nacht,
Wir müssen diesmal unterbrechen.
WAGNER. Ich hätte gern bis morgen früh gewacht,
Um so gelehrt mit Euch mich zu besprechen. *(Ab.)*
FAUST. Wie nur dem Kopf nicht alle Hoffnung schwindet,
Der immerfort an schalem Zeuge klebt,
Mit gierger Hand nach Schätzen gräbt,
Und froh ist, wenn er Regenwürmer findet!

Mephistopheles im Schlafrock, eine große Perücke auf. Student.

STUDENT. Ich bin allhier erst kurze Zeit,
Und komme voll Ergebenheit,
Einen Mann zu sprechen und zu kennen,
Den alle mir mit Ehrfurcht nennen.
MEPHISTOPHELES. Eure Höflichkeit erfreut mich sehr,
Ihr seht einen Mann wie andre mehr.
Habt Ihr Euch hier schon umgetan?
STUDENT. Ich bitt Euch, nehmt Euch meiner an!
Ich komm mit allem guten Mut,
Ei'm leidlich Geld und frischem Blut,
Meine Mutter wollt' mich kaum entfernen.
Möchte gern was Rechts hieraußen lernen.
MEPHISTOPHELES. Da seid Ihr eben recht am Ort.
STUDENT. Aufrichtig! Möcht schon wieder fort!
Sieht all so trocken ringsum aus,
Als säß Heißhunger in jedem Haus.
MEPHISTOPHELES. Bitt Euch! Dran Euch nicht weiter kehrt,
Hier alles sich vom Studenten nährt.
Doch erst, wo werdet Ihr logieren?
Das ist ein Hauptstück!
STUDENT. Wolltet mich führen!
Bin wahrlich ganz ein irres Lamm.
Möcht gern das Gute so allzusamm,
Möcht gern das Böse mir all vom Leib,
Und Freiheit, auch wohl Zeitvertreib!
Möcht auch dabei studieren tief,

Dass mir's über Kopf und Ohren lief!
O Herr, helft, dass's meiner Seel
Am guten Wesen nimmer fehl.
MEPHISTOPHELES *(kratzt sich).*
Kein Logis habt Ihr, wie Ihr sagt?
STUDENT. Hab noch nicht 'mal darnach gefragt.
Mein Wirtshaus nährt mich leidlich gut,
Feines Mägdlein drin aufwarten tut.
MEPHISTOPHELES. Behüte Gott, das führt Euch weit!
Kaffee und Billard! Weh dem Spiel!
Die Mägdlein, ach, sie geilen viel!
Vertripplistreichelt Eure Zeit.
Dagegen sehn wirs leidlich gern,
Dass alle Studiosi nah und fern
Uns wenigstens einmal die Wochen
Kommen untern Absatz gekrochen.
Will einer an unserm Speichel sich letzen,
Den tun wir zu unsrer Rechten setzen.
STUDENT. Mir wird ganz gräulich vorm Gesicht!
MEPHISTOPHELES. Das schadt der guten Sache nicht.
Dann vordersamst mit dem Logis
Wüsst ich Euch wohl nichts Bessers hie,
Als geht zu Frau Spritzbierlein morgen;
Weiß Studiosos zu versorgen,
Hats Haus von oben bis unten voll,
Und versteht weidlich, was sie soll.
Zwar Noaes Arche war saubrer gefacht,
Doch ist's einmal so hergebracht.
Ihr zahlt, was andre vor Euch zahlten,
Die ihren Nam aufs Scheißhaus malten.
STUDENT. Wird mir fast so eng ums Herz herum
Als zu Haus im Kollegium.
MEPHISTOPHELES. Euer Logis wär nun bestellt.
Nun Euren Tisch für leidlich Geld!
STUDENT. Mich dünkt, das gäb sich alle nach,
Wer erst von Geists Erweitrung sprach!
MEPHISTOPHELES. Mein Schatz! Das wird Euch wohl verziehn,
Kennt nicht den Geist der Akademien.
Der Mutter Tisch müsst Ihr vergessen,
Klar Wasser, geschiedne Butter fressen,
Statt Hopfenkeim und jung Gemüs
Genießen mit Dank Brennnesseln süß,
Sie tun einen Gänsestuhlgang treiben,

Aber eben drum nicht bass bekleiben,
Hammel und Kalb küren ohne End,
Als wie unsers Herrgotts Firmament.
Doch zahlend wird von Euch ergänzt,
Was Schwärmerian vor Euch geschwänzt.
Müsst Euren Beutel wohl versorgen,
Besonders keinem Freunde borgen,
Aber redlich zu allen Malen
Wirt, Schneider und Professor zahlen.
STUDENT. Hochwürdger Herr, das findet sich.
Aber nun bitt ich, leitet mich!
Mir steht das Feld der Weisheit offen,
Wäre gern so gradezu geloffen,
Aber sieht drin so bunt und kraus,
Auch seitwärts wüst und trocken aus.
Fern tät sich's mir vor die Sinnen stellen
Als wie ein Tempe voll frischer Quellen.
MEPHISTOPHELES. Sagt mir erst, eh Ihr weiter geht,
Was wählt Ihr für eine Fakultät?
STUDENT. Soll zwar ein Mediziner werden,
Doch wünscht ich rings von aller Erden,
Von allem Himmel und all Natur,
So viel mein Geist vermöcht, zu fassen.
MEPHISTOPHELES. Ihr seid da auf der rechten Spur,
Doch müsst Ihr Euch nicht zerstreuen lassen.
Mein teurer Freund, ich rat Euch drum,
Zuerst Collegium Logicum.
Da wird der Geist Euch wohl dressiert,
In Spansche Stiefeln eingeschnürt,
Dass er bedächtger so fortan
Hinschleiche die Gedankenbahn,
Und nicht etwa die Kreuz und Quer
Irrlichteliere den Weg daher.
Dann lehret man Euch manchen Tag,
Dass, was Ihr sonst auf einen Schlag
Getrieben, wie Essen und Trinken frei –
Eins, Zwei, Drei – dazu nötig sei.
Zwar ist's mit der Gedankenfabrik
Wie mit einem Webermeisterstück,
Wo ein Tritt tausend Fäden regt,
Die Schifflein 'rüber hinüber schießen,
Die Fäden ungesehen fließen,
Ein Schlag tausend Verbindungen schlägt.

Der Philosoph, der tritt herein
Und beweist Euch, es müsst so sein.
Das Erst wär so, das Zweite so
Und drum das Dritt und Vierte so.
Und wenn das Erst und Zweit nicht wär,
Das Dritt und Viert wär nimmermehr.
Das preisen die Schüler allerorten,
Sind aber keine Weber worden.
Wer will was Lebigs erkennen und beschreiben,
Muss erst den Geist heraußer treiben,
Dann hat er die Teil' in seiner Hand,
Fehlt leider nur das geistlich Band.
Encheiresin naturae nennt's die Chimie!
Bohrt sich selbst einen Esel und weiß nicht wie.
STUDENT. Kann Euch nicht eben ganz verstehen.
MEPHISTOPHELES. Das wird nächstens schon besser gehen,
Wenn Ihr lernt alles reduzieren
Und gehörig klassifizieren.
STUDENT. Mir wird von allem dem so dumm,
Als ging mir ein Mühlrad im Kopf herum.
MEPHISTOPHELES. Nachher vor allen andern Sachen
Müsst Ihr Euch an die Metaphysik machen,
Da seht, dass Ihr tiefsinnig fasst,
Was in des Menschen Hirn nicht passt,
Für was drein geht und nicht drein geht,
Ein prächtig Wort zu Diensten steht.
Doch vorerst dieses halbe Jahr
Nehmt Euch der besten Ordnung wahr.
Fünf Stunden nehmt Ihr jeden Tag,
Seid drinne mit dem Glockenschlag.
Habt Euch zu Hause wohl präpariert,
Paragraphos wohl einstudiert,
Damit Ihr nachher besser seht,
Dass er nichts sagt, als was im Buche steht.
Doch Euch des Schreibens ja befleißt,
Als diktiert Euch der heilig Geist!
STUDENT. Verzeiht, ich halt Euch auf mit vielen Fragen,
Allein ich muss Euch noch bemühn:
Wollt Ihr mir von der Medizin
Nicht auch ein kräftig Wörtchen sagen?
Drei Jahr' ist eine kurze Zeit,
Und, Gott! das Feld ist gar zu weit.
Wenn man ein' Fingerzeig nur hat,

Lässt sich's schon eher weiter fühlen.
MEPHISTOPHELES *(vor sich).* Bin des Professortons nun satt,
Will wieder einmal den Teufel spielen.
(Laut.) Der Geist der Medizin ist leicht zu fassen.
Ihr durchstudiert die groß und kleine Welt,
Um es am Ende gehn zu lassen,
Wie's Gott gefällt.
Vergebens, dass Ihr ringsum wissenschaftlich schweift,
Ein jeder lernt nur, was er lernen kann.
Doch der den Augenblick ergreift,
Das ist der rechte Mann.
Ihr seid noch ziemlich wohl gebaut,
An Kühnheit wirds Euch auch nicht fehlen,
Und wenn Ihr Euch nur selbst vertraut,
Vertrauen Euch die andern Seelen.
Besonders lernt die Weiber führen!
Es ist ihr ewig Weh und Ach
So tausendfach
Aus einem Punkte zu kurieren.
Und wenn Ihr halbweg ehrbar tut,
Dann habt Ihr sie all unterm Hut.
Ein Titel muss sie erst vertraulich machen,
Dass Eure Kunst viel Künste übersteigt,
Zum Willkomm tappt Ihr dann nach allen Siebensachen,
Um die ein andrer viele Jahre streicht.
Versteht das Pülslein wohl zu drücken,
Und fasset sie mit feurig schlauen Blicken
Wohl um die schlanke Hüfte frei,
Zu sehn, wie fest geschnürt sie sei.
STUDENT. Das sieht schon besser aus als die Philosophie.
MEPHISTOPHELES. Grau, teurer Freund, ist alle Theorie
Und grün des Lebens goldner Baum.
STUDENT. Ich schwör Euch zu, mir ist's als wie ein Traum.
Dürft ich Euch wohl ein andermal beschweren,
Von Eurer Weisheit auf den Grund zu hören?
MEPHISTOPHELES. Was ich vermag, soll gern geschehn.
STUDENT. Ich kann ohnmöglich wieder gehn,
Ich muss Euch noch mein Stammbuch überreichen,
Gönn Eure Gunst mir dieses Zeichen.
MEPHISTOPHELES. Sehr wohl. *(Er schreibt und gibts.)*
STUDENT *(liest).* Eritis sicut Deus scientes bonum et malum.
(Machts ehrbietig zu und empfiehlt sich.)

MEPHISTOPHELES.
Folg nur dem alten Spruch von meiner Muhme der Schlange,
Dir wird gewiss einmal bei deiner Gottähnlichkeit bange.

AUERBACHS KELLER IN LEIPZIG

Zeche lustiger Gesellen.

FROSCH. Will keiner saufen, keiner lachen?
Ich werd euch lehren Gesichter machen!
Ihr seid ja heut wie nasses Stroh
Und brennt sonst immer lichterloh.
BRANDER. Das liegt an dir, du bringst ja nichts herbei,
Nicht eine Dummheit, keine Sauerei.
FROSCH *(gießt ihm ein Glas Wein übern Kopf).*
Da hast du beides!
BRANDER. Esel! Schwein!
FROSCH. Muss man mit euch nicht beides sein?

SIEBEL. Drei Teufel! ruht! und singt runda! und drein gesoffen, drein gekrischen. Holla he! Auf! He da!

ALTEN. Baumwolle her! Der sprengt uns die Ohren.

SIEBEL. Kann ich davor, dass das verflucht niedrige Gewölbe so widerschallt? Sing!

FROSCH. Ah! Tara! tara! lara! di! – Gestimmt ist! Und was nun?

Das liebe heil'ge Röm'sche Reich,
Wie hält's nur noch zusammen?

BRANDER. Pfui, ein garstig Lied, ein politisch Lied, ein leidig Lied! Dankt Gott, dass euch das heilige Römische Reich nichts angeht. Wir wollen einen Papst wählen.

FROSCH. Schwing dich auf, Frau Nachtigall,
Grüß mein Liebchen zehntausendmal!

SIEBEL. Wetter und Tod! Grüß mein Liebchen! – Eine Hammelmauspastete mit gestopften dürren Eichenblättern vom Blocksberg, durch einen geschundnen Hasen mit dem Hahnenkopf überschickt, und keinen Gruß von der Nachtigall. Hat sie mich nicht – Meinen Stutzbart und alle Appartinenzien hinter die Türe geworfen wie einen stumpfen Besen, und das um . . . Drei Teufel! – Keinen Gruß, sag ich, als die Fenster eingeschmissen!

FROSCH *(den Krug auf den Tisch stoßend).* Ruh jetzt! – Ein neu Lied, Kameraden, ein alt Lied, wenn ihr wollt! – Aufgemerkt und den Rundreim mitgesungen! Frisch und hoch auf! –

Es war ein Ratt im Kellernest,
Lebt nur von Fett und Butter,
Hätt sich ein Ränzlein angemäst
Als wie der Doktor Luther.
Die Köchin hätt ihr Gift gestellt,

Da wards so eng ihr in der Welt,
Als hätt sie Lieb im Leibe!
CHORUS *(jauchzend).* Als hätt sie Lieb im Leibe.
FROSCH. Sie fuhr herum, sie fuhr heraus
Und soff aus allen Pfützen,
Zernagt, zerkratzt das ganze Haus,
Wollt nichts ihr Wüten nützen.
Sie tät so manchen Ängstesprung,
Bald hätt das arme Tier genung,
Als hätt es Lieb im Leibe.
CHORUS. Als hätt es Lieb im Leibe.
FROSCH. Sie kam vor Angst am hellen Tag
Der Küche zu gelaufen,
Fiel an den Herd und zuckt und lag
Und tät erbärmlich schnaufen.
Da lachte die Vergiftrin noch:
Ha! sie pfeift auf dem letzten Loch,
Als hätt sie Lieb im Leibe.
CHORUS. Als hätt sie Lieb im Leibe.

SIEBEL. Und eine hinlängliche Portion Rattenpulver der Köchin in die Suppe! Ich bin nit mitleidig, aber so eine Ratte könnte einen Stein erbarmen.

BRANDER. Selbst Ratte! Ich möchte den Schmerbauch so am Herde sein Seelchen ausblasen sehn!

Faust, Mephistopheles.

MEPHISTOPHELES. Nun schau, wie sie's hier treiben! Wenn dirs gefällt, dergleichen Sozietät schaff ich dir nachtnächtlich.

FAUST. Guten Abend, ihr Herren.

ALLE. Großen Dank!

SIEBEL. Wer ist der Storcher da?

BRANDER. Still! das ist was Vornehmes inkognito, sie haben so was Unzufriednes Böses im Gesicht.

SIEBEL. Pah! Komödianten, wenns hoch kommt.

MEPHISTOPHELES *(leise).* Merks! den Teufel vermuten die Kerls nie, so nah er ihnen immer ist.

FROSCH. Ich will 'en die Würme schon aus der Nase ziehn, wo sie herkommen! – Ist der Weg von Rippach herüber so schlimm, dass Ihr so tief in die Nacht habt reisen müssen?

FAUST. Wir kommen den Weg nit.

FROSCH. Ich meinte etwa, Ihr hättet bei dem berühmten Hans drüben zu Mittag gespeist.

FAUST. Ich kenn ihn nicht.

(Die andern lachen.)

FROSCH. Oh, er ist von altem Geschlecht. Hat eine weitläufige Familie.

MEPHISTOPHELES. Ihr seid wohl seiner Vettern einer?

BRANDER *(leise zu Frosch).* Stecks ein! der versteht den Rummel.

FROSCH. Bei Wurzen ists fatal, da muss man so lang auf die Fähre manchmal warten.

FAUST. So?

SIEBEL *(leise).* Sie kommen aus dem Reiche, man siehts 'en an. Lasst sie nur erst fidel werden. – Seid ihr Freunde von einem herzhaften Schluck? Herbei mit euch!

MEPHISTOPHELES. Immer zu.

(Sie stoßen an und trinken.)

FROSCH. Nun, Herrn, ein Liedchen. Für einen Krug ein Liedchen, das ist billig.

FAUST. Ich habe keine Stimme.

MEPHISTOPHELES. Ich sing eins für mich, zwei für meinen Kameraden, hundert wenn Ihr wollt; wir kommen aus Spanien, wo nachts so viel Lieder gesungen werden als Sterne am Himmel stehn.

BRANDER. Das verbät ich mir, ich hasse das Geklimpere, außer wenn ich einen Rausch habe und schlafe, dass die Welt untergehen dürfte. – Für kleine Mädchen ist's sowas, die nit schlafen können und am Fenster stehen, Mondenkühlung einzusuckeln.

MEPHISTOPHELES. Es war einmal ein König,
Der hätt einen großen Floh –

SIEBEL. Stille! Horch! Schöne Rarität! schöne Liebhaberei!

FROSCH. Noch einmal!

MEPHISTOPHELES. Es war einmal ein König,
Der hätt einen großen Floh,
Den liebt er gar nit wenig
Als wie sein eignen Sohn.
Da rief er seinen Schneider,
Der Schneider kam heran:
Da, mess dem Junker Kleider
Und mess ihm Hosen an!

SIEBEL. Wohl gemessen! Wohl! *(Sie schlagen in ein Gelächter aus).* Dass sie nur keine Falten werfen!

MEPHISTOPHELES. In Sammet und in Seide
War er nun angetan,
Hätte Bänder auf dem Kleide,
Hätt auch ein Kreuz daran.
Und war sogleich Minister

Und hätt einen großen Stern,
Da wurden sein' Geschwister
Bei Hof auch große Herrn.

Und Herrn und Fraun am Hofe,
Die waren sehr geplagt,
Die Königin und die Zofe
Gestochen und genagt,
Und durften sie nicht knicken,
Und weg sie jagen nicht.
Wir knicken und ersticken
Doch gleich, wenn einer sticht.

CHORUS *(jauchzend)*. Wir knicken und ersticken
Doch gleich, wenn einer sticht.

ALLE *(durcheinander)*. Bravo! Bravo! Schön und trefflich! Noch eins! Noch ein paar Krüge! Noch ein paar Lieder!

FAUST. Meine Herren, der Wein geht an, geht an, wie in Leipzig die Weine alle angehn müssen. Doch dünkt mich, Ihr würdet erlauben, dass man Euch aus einem andern Fasse zapfte.

SIEBEL. Habt Ihr einen eignen Keller? Handelt Ihr mit Weinen? Seid Ihr vielleicht von denen Schelmen aus'm Reich? –

ALTEN. Wart ein bisschen. *(Er steht auf.)* Ich hab so eine Probe, ob ich weitertrinken darf. *(Er macht die Augen zu und steht eine Weile.)* Nun, nun, das Köpfchen schwankt schon.

SIEBEL. Pah, eine Flasche! Ich wills vor Gott verantworten und vor deiner Frauen. Euren Wein!

FAUST. Schafft mir einen Bohrer!

FROSCH. Der Wirt hat so ein Körbel mit Werkzeug in der Ecke stehn.

FAUST *(nimmt den Bohrer)*. Gut. Was verlangt Ihr für Wein?

FROSCH. He?

FAUST. Was für ein Gläschen möchtet Ihr trinken? Ich schaffs Euch.

FROSCH. He! He! So ein Glas Rheinwein, echten Nierensteiner.

FAUST. Gut. *(Er bohrt in den Tisch an Froschens Seite.)* Nun schafft Wachs!

ALTEN. Da, ein Kerzenstümpfchen.

FAUST. So. *(Er stopft das Loch.)* Halt jetzo! – und Ihr?

SIEBEL. Muskatenwein! Spanischen Wein, sonst keinen Tropfen. Ich will nur sehn, wo das hinausläuft.

FAUST *(bohrt und verstopft)*. Was beliebt Euch?

ALTEN. Roten Wein, einen Französchen! – Die Franzosen kann ich nicht leiden, so großen Respekt ich vor ihren Wein' hab.

FAUST *(wie oben).* Nun, was schafft Ihr?

BRANDER. Hält er uns für'n Narren?

FAUST. Schnell, Herr, nennt einen Wein!

BRANDER. Tokayer denn! – Soll er doch nicht aus dem Tische laufen!

FAUST. Stille, junger Herr! – Nun aufgeschaut! Die Gläser untergehalten, jeder ziehe den Wachspfropfen heraus! Dass aber kein Tropfen an die Erde fällt, sonst gibts ein Unglück!

ALTEN. Mir wirds unheimlich. Der hat den Teufel.

FAUST. Ausgezogen!

(Sie ziehn die Pfropfen, jedem läuft der verlangte Wein ins Glas.)

FAUST. Zugestopft! Und nun versucht!

SIEBEL. Wohl! trefflich wohl!

ALLE. Wohl! Majestätisch wohl! – Willkommner Gast!

(Sie trinken wiederholt.)

MEPHISTOPHELES. Sie sind nun eingeschifft.

FAUST. Gehn wir!

MEPHISTOPHELES. Noch ein Moment.

ALLE *(singen).* Uns ist gar kannibalisch wohl
Als wie fünfhundert Säuen!

(Sie trinken wiederholt, Siebel lässt den Pfropf fallen, es fließt auf die Steine und wird zur Flamme, die an Siebeln hinauflodert.)

SIEBEL. Hölle und Teufel!

BRANDER. Zauberei! Zauberei!

FAUST. Sagt' ichs euch nicht?

(Er verstopft die Öffnung und spricht einige Worte; die Flamme flieht.)

SIEBEL. Herr und Satan! – Meint Er, Er dürft in ehrliche Gesellschaft sich machen und Sein höllisches Hokuspokus treiben?

FAUST. Stille, Mastschwein!

SIEBEL. Mir Schwein! Du Besenstiel! Brüder! Schlagt ihn zusammen! Stoßt ihn nieder! *(Sie ziehn die Messer.)* Ein Zauberer ist vogelfrei! Nach den Reichsgesetzen vogelfrei.

(Sie wollen über Fausten her, er winkt, sie stehn in frohem Erstaunen auf einmal und sehn einander an.)

SIEBEL. Was seh ich! Weinberge!

BRANDER. Trauben um diese Jahrszeit!

ALTEN. Wie reif! Wie schön!

FROSCH. Halt, das ist die schönste!

(Sie greifen zu, kriegen einander bei den Nasen und heben die Messer.)

FAUST. Halt! – Geht und schlaft euern Rausch aus!

(Faust und Mephistopheles ab. Es gehen ihnen die Augen auf, sie fahren mit Geschrei auseinander.)

SIEBEL. Meine Nase! War das deine Nase? Waren das die Trauben? Wo ist er?

BRANDER. Fort! Es war der Teufel selbst!

FROSCH. Ich hab ihn auf einem Fasse hinausreiten sehn.

ALTEN. Hast du? Da ist's gewiss auf dem Markt nit sicher. Wie kommen wir nach Hause?

BRANDER. Siebel, geh zuerst!

SIEBEL. Kein Narr!

FROSCH. Kommt, wir wecken die Häscher unterm Rathaus, für ein Trinkgeld tun die wohl ihre Schuldigkeit. Fort!

SIEBEL. Sollte wohl der Wein noch laufen? *(Er visitiert die Pfropfen.)*

ALTEN. Bild dirs nicht ein! Trocken wie Holz!

FROSCH. Fort, ihr Bursche! Fort! *(Alle ab.)*

LANDSTRASSE

Ein Kreuz am Wege, rechts auf dem Hügel ein altes Schloss, in der Ferne ein Bauerhüttchen.

FAUST. Was gibt's, Mephisto, hast du Eil?
Was schlägst vorm Kreuz die Augen nieder?
MEPHISTOPHELES. Ich weiß es wohl, es ist ein Vorurteil,
Allein genung, mir ist's einmal zuwider.

STRASSE

Faust. Margarete vorübergehend.

FAUST. Mein schönes Fräulein, darf ich's wagen,
Mein Arm und Geleit Ihr anzutragen?
MARGARETE. Bin weder Fräulein weder schön,
Kann ohn Geleit nach Hause gehn. *(Sie macht sich los und ab.)*
FAUST. Das ist ein herrlich schönes Kind!
Die hat was in mir angezündt.
Sie ist so sitt- und tugendreich
Und etwas schnippisch doch zugleich.
Der Lippen Rot, der Wange Licht,
Die Tage der Welt vergess ich's nicht!

Wie sie die Augen niederschlägt,
Hat tief sich in mein Herz geprägt.
Wie sie kurz angebunden war,
Das ist nun zum Entzücken gar.

Mephistopheles tritt auf.

FAUST. Hör, du musst mir die Dirne schaffen!
MEPHISTOPHELES. Nun, welche?
FAUST. Sie ging just vorbei.
MEPHISTOPHELES. Da die? Sie kam von ihrem Pfaffen,
Der sprach sie aller Sünden frei.
Ich schlich mich hart am Stuhl herbei.
Es ist ein gar unschuldig Ding,
Das eben für nichts zur Beichte ging.
Über die hab ich keine Gewalt.
FAUST. Ist über vierzehn Jahr doch alt.
MEPHISTOPHELES. Sprichst, ei, wie der Hans Lüderlich,
Der begehrt jede liebe Blum für sich,
Und dünkelt ihm, es wär kein Ehr
Und Gunst, die nicht zu pflücken wär.
Geht aber doch nicht immer an.
FAUST. Mein Herr Magister Lobesan,
Lass Er mich mit dem Gesetz in Frieden!
Und das sag ich Ihm kurz und gut,
Wenn nicht das süße junge Blut
Heut Nacht in meinen Armen ruht,
So sind wir um Mitternacht geschieden.
MEPHISTOPHELES. Bedenkt, was gehn und stehen mag!
Gebt mir zum wenigst vierzehn Tag',
Nur die Gelegenheit zu spüren.
FAUST. Hätt ich nur sieben Tage Ruh,
Braucht keinen Teufel nicht dazu,
So ein Geschöpfchen zu verführen.
MEPHISTOPHELES. Ihr sprecht schon fast wie ein Franzos;
Drum bitt ich, lasst's Euch nicht verdrießen.
Was hilft so grade zu genießen?
Die Freud ist lange nicht so groß,
Als wenn Ihr erst herauf, herum
Durch allerlei Brimborium
Das Püppchen geknet't und zugericht't,
Wie's lehret manche welsch Geschicht.
FAUST. Hab Appetit auch ohne das.
MEPHISTOPHELES. Jetzt ohne Schimpf und ohne Spaß!
Ich sag Euch, mit dem schönen Kind

Geht ein vor all Mal nicht geschwind.
Mit Sturm ist da nichts einzunehmen,
Wir müssen uns zur List bequemen.
FAUST. Schaff mir etwas vom Engelsschatz,
Führ mich an ihren Ruheplatz,
Schaff mir ein Halstuch von ihrer Brust,
Ein Strumpfband meiner Liebeslust!
MEPHISTOPHELES. Damit Ihr seht, dass ich Eurer Pein
Will förderlich und dienstlich sein,
Wollen wir keinen Augenblick verlieren.
Will Euch noch heut in ihr Zimmer führen.
FAUST. Und soll sie sehn? Sie haben?
MEPHISTOPHELES. Nein.
Sie wird bei einer Nachb'rin sein.
Indessen könnt Ihr ganz allein
An aller Hoffnung künftger Freuden
In ihrem Dunstkreis satt Euch weiden.
FAUST. Können wir hin?
MEPHISTOPHELES. Es ist noch zu früh.
FAUST. Sorg du mir für ein Geschenk für sie. *(Ab.)*
MEPHISTOPHELES. Er tut, als wär er ein Fürstensohn.
Hätt Luzifer so ein Dutzend Prinzen,
Die sollten ihm schon was vermünzen;
Am Ende kriegt er eine Kommission. *(Ab.)*

ABEND

Ein kleines reinliches Zimmer.

MARGARETE *(ihre Zöpfe flechtend und aufbindend).*
Ich gäb was drum, wenn ich nur wüsst,
Wer heut der Herr gewesen ist.
Er sah gewiss recht wacker aus
Und ist aus einem edlen Haus,
Das konnt' ich ihm an der Stirne lesen.
Er wär auch sonst nicht so keck gewesen. *(Ab.)*

Mephistopheles. Faust.

MEPHISTOPHELES. Herein, ganz leise nur herein!
FAUST *(nach einigem Stillschweigen).*
Ich bitte dich, lass mich allein!
MEPHISTOPHELES *(herumspürend).*
Nicht jedes Mädchen hält so rein. *(Ab.)*

FAUST *(rings aufschauend).*
Willkommen, süßer Dämmerschein,
Der du dies Heiligtum durchwebst!
Ergreif mein Herz, du süße Liebespein,
Die du vom Tau der Hoffnung schmachtend lebst!
Wie atmet rings Gefühl der Stille,
Der Ordnung, der Zufriedenheit!
In dieser Armut welche Fülle!
In diesem Kerker welche Seligkeit!
(Er wirft sich auf den ledernen Sessel am Bett.)
O nimm mich auf, der du die Vorwelt schon
In Freud und Schmerz in offnen Arm empfangen!
Wie oft, ach, hat an diesem Väterthron
Schon eine Schar von Kindern rings gehangen!
Vielleicht hat dankbar für den heilgen Christ
Mein Liebchen hier mit vollen Kinderwangen
Dem Ahnherrn fromm die welke Hand geküsst.
Ich fühl, o Mädchen, deinen Geist
Der Füll und Ordnung um mich säuseln,
Der mütterlich dich täglich unterweist,
Den Teppich auf den Tisch dich reinlich breiten heißt,
Sogar den Sand zu deinen Füßen kräuseln.
O liebe Hand, so göttergleich,
Die Hütte wird durch dich ein Himmelreich.
Und hier! *(Er hebt einen Bettvorhang auf.)*
Was fasst mich für ein Wonnegraus!
Hier möcht ich volle Stunden säumen.
Natur! Hier bildetest in leichten Träumen
Den eingebornen Engel aus.
Hier lag das Kind, mit warmem Leben
Den zarten Busen angefüllt,
Und hier mit heilig reinem Weben
Entwürkte sich das Götterbild.

Und du! Was hat dich hergeführt?
Wie innig fühl ich mich gerührt!
Was willst du hie? Was wird das Herz dir schwer?
Armselger Faust, ich kenne dich nicht mehr!

Umgibt mich hier ein Zauberduft?
Mich drangs, so grade zu genießen,
Und fühle mich in Liebestraum zerfließen!
Sind wir ein Spiel von jedem Druck der Luft?

Und träte sie den Augenblick herein,
Wie würdest du für deinen Frevel büßen!
Der große Hans, ach wie so klein,
Läg weggeschmolzen ihr zu Füßen.

MEPHISTOPHELES.
Geschwind! ich seh sie dortunten kommen.

FAUST. Komm, komm! ich kehre nimmermehr!

MEPHISTOPHELES.
Hier ist ein Kästchen leidlich schwer,
Ich hab's wo anderswo genommen.
Stellt's hier nur immer in den Schrein,
Ich schwör Euch, ihr vergehn die Sinnen.
Ich sag Euch, es sind Sachen drein,
Um eine Fürstin zu gewinnen.
Zwar Kind ist Kind und Spiel ist Spiel.

FAUST. Ich weiß nicht, soll ich?

MEPHISTOPHELES. Fragt Ihr viel!
Meint Ihr vielleicht den Schatz zu wahren?
Dann rat ich Eurer Lüsternheit,
Die liebe schöne Tageszeit
Und mir die weitre Müh zu sparen.
Ich hoff nicht, dass Ihr geizig seid.
Ich kratz den Kopf, reib an den Händen –
(Er stellt das Kästchen in den Schrein und drückt das Schloss wieder zu.)
Nur fort geschwind –,
Um Euch das süße junge Kind
Nach Eurem Herzenswill zu wenden.
Und Ihr seht drein,
Als solltet Ihr in'n Hörsaal 'nein,
Als stünden grau leibhaftig vor Euch da
Physik und Metaphysika.
Nur fort! – *(Ab.)*

MARGARETE *(mit einer Lampe).*
Es ist so schwül und dumpfig hie –
(Sie macht das Fenster auf.)
Und macht doch eben so warm nicht drauß.
Es wird mir so, ich weiß nicht wie –
Ich wollt, die Mutter käm nach Haus.
Mir läuft ein Schauer am ganzen Leib,
Bin doch ein törig furchtsam Weib.
(Sie fängt an zu singen, indem sie sich auszieht.)

Es war ein König in Thule,
Einen goldnen Becher er hätt
Empfangen von seiner Buhle
Auf ihrem Todesbett.

Der Becher war ihm lieber,
Trank draus bei jedem Schmaus;
Die Augen gingen ihm über,
Sooft er trank daraus.

Und als es kam zu sterben,
Zählt' er seine Städt' und Reich',
Gönnt alles seinen Erben,
Den Becher nicht zugleich.

Er saß beim Königsmahle,
Die Ritter um ihn her,
Auf hohem Vätersaale
Dort auf dem Schloss am Meer.

Dort stand der alte Zecher,
Trank letzte Lebensglut
Und warf den heil'gen Becher
Hinunter in die Flut.

Er sah ihn stürzen, trinken
Und sinken tief ins Meer,
Die Augen täten ihm sinken,
Trank nie einen Tropfen mehr.
(Sie eröffnet den Schrein, ihre Kleider einzuräumen, und erblickt das Schmuckkästchen.)
Wie kommt das schöne Kästchen hier herein?
Ich schloss doch ganz gewiss den Schrein.
Was Guckguck mag dadrinne sein?
Vielleicht bracht's jemand als ein Pfand,
Und meine Mutter lieh darauf?
Da hängt ein Schlüsselchen am Band,
Ich denke wohl, ich mach es auf!
Was ist das? Gott im Himmel, schau!
So was hab ich mein Tage nicht gesehn!
Ein Schmuck! Drin könnt eine Edelfrau
Am höchsten Feiertag gehn.
Wie sollte mir die Kette stehn?

Wem mag die Herrlichkeit gehören?
(Sie putzt sich damit auf und tritt vor den Spiegel.)
Wenn nur die Ohrring' meine wären!
Man sieht doch gleich ganz anders drein.
Was hilft euch Schönheit, junges Blut?
Das ist wohl alles schön und gut,
Allein man lässt auch alles sein.
Man lobt euch halb mit Erbarmen.
Nach Golde drängt,
Am Golde hängt
Doch alles! Ach wir Armen!

ALLEE

Faust in Gedanken auf und ab gehend, zu ihm Mephistopheles.

MEPHISTOPHELES.
Bei aller verschmähten Lieb! Beim höllischen Element!
Ich wollt, ich wüsst was Ärgers, dass ich's fluchen könnt.
FAUST. Was hast? was petzt dich dann so sehr?
So kein Gesicht sah ich in meinem Leben.
MEPHISTOPHELES.
Ich möcht mich gleich dem Teufel übergeben,
Wenn ich nur selbst kein Teufel wär.
FAUST. Hat sich dir was im Kopf verschoben?
Es kleidt dich gut, das Rasen und das Toben.
MEPHISTOPHELES.
Denkt nur, den Schmuck, den ich Margreten schafft',
Den hat ein Pfaff hinweggerafft.
Hätt einer auch Engelsblut im Leibe,
Er würde da zum Heringsweibe!
Die Mutter kriegt das Ding zu schauen,
Es fängt ihr heimlich an zu grauen.
Die Frau hat gar einen feinen Geruch,
Schnüffelt immer im Gebetbuch
Und riecht's einem jeden Möbel an,
Ist das Ding heilig oder profan.
Und an dem Schmuck da spürt sie's klar,
Dass dabei nit viel Segen war.
„Mein Kind", rief sie, „ungerechtes Gut
Befängt die Seel, zehrt auf das Blut.

Wollens der Mutter Gottes weihn,
Wird uns mit Himmels-Mann' erfreun."
Margretlein zog ein schiefes Maul,
Ist halt, dacht' sie, ein geschenkter Gaul,
Und wahrlich gottlos ist nicht der,
Der ihn so fein gebracht hierher.
Die Mutter ließ einen Pfaffen kommen;
Der hatte kaum den Spaß vernommen,
Ließ sich den Anblick wohl behagen,
Er sprach: „Ach christlich so gesinnt!
Wer überwindet, der gewinnt.
Die Kirche hat einen guten Magen,
Hat ganze Länder aufgefressen
Und doch noch nie sich übergessen;
Die Kirch allein, meine lieben Frauen,
Kann ungerechtes Gut verdauen."
FAUST. Das ist ein allgemeiner Brauch,
Ein Jud und König kann es auch.
MEPHISTOPHELES.
Strich drauf ein Spange, Kett und Ring,
Als wären's eben Pfifferling',
Dankt' nicht weniger und nicht mehr,
Als wenn's ein Korb voll Nüsse wär,
Versprach ihnen allen himmlischen Lohn –
Sie waren sehr erbaut davon.
FAUST. Und Gretchen?
MEPHISTOPHELES. Sitzt nun unruhvoll,
Weiß weder was sie will noch soll,
Denkt ans Geschmeide Tag und Nacht,
Noch mehr an den, der's ihr gebracht.
FAUST. Des Liebchens Kummer tut mir Leid,
Schaff du ihr gleich ein neu Geschmeid!
Am ersten war ja so nicht viel.
MEPHISTOPHELES. O ja, dem Herrn ist alles Kinderspiel.
FAUST. Und mach, und richt's nach meinem Sinn,
Häng dich an ihre Nachbarin!
Sei, Teufel, doch nur nicht wie Brei
Und schaff einen neuen Schmuck herbei!
MEPHISTOPHELES. Ja, gnäd'ger Herr, von Herzen gerne.
(Faust ab.)
MEPHISTOPHELES. So ein verliebter Tor verpufft
Euch Sonne, Mond und alle Sterne
Zum Zeitvertreib dem Liebchen in die Luft. *(Ab.)*

NACHBARIN HAUS

MARTHE. Gott verzeih's meinem lieben Mann,
Er hat an mir nicht wohl getan!
Geht da stracks in die Welt hinein
Und lässt mich auf dem Stroh allein.
Tät ihn doch wahrlich nicht betrüben,
Tät ihn, weiß Gott, recht herzlich lieben. *(Sie weint.)*
Vielleicht ist er gar tot! – O Pein!
– – – –
– – – –
Hätt ich nur einen Totenschein!
MARGARETE *(kommt).* Frau Marthe!
MARTHE. Gretchen, was soll's?
MARGARETE. Fast sinken mir die Kniee nieder!
Da find ich so ein Kästchen wieder
In meinem Schrein, von Ebenholz,
Und Sachen herrlich ganz und gar,
Weit reicher, als das erste war.
MARTHE. Das muss Sie nit der Mutter sagen,
Tät's wieder gleich zur Beichte tragen.
MARGARETE. Ach seh Sie nur! ach schau Sie nur!
MARTHE *(putzt sie auf).* O du glückselige Kreatur!
MARGARETE. Darf mich, ach, leider auf der Gassen,
Nicht in der Kirch mit sehen lassen.
MARTHE. Komm du nur oft zu mir herüber,
Und leg den Schmuck hier heimlich an;
Spazier ein Stündchen lang dem Spiegelglas vorüber,
Wir haben unsre Freude dran.
Und dann gibt's einen Anlass, gibt's ein Fest,
Wo man's so nach und nach den Leuten sehen lässt.
Ein Kettchen erst, die Perle dann ins Ohr,
Die Mutter sieht's wohl nicht, man macht ihr auch was vor.
(Es klopft.)
MARGARETE. Ach Gott! mag das mein' Mutter sein?
MARTHE *(durchs Vorhängel guckend).*
Es ist ein fremder Herr. – Herein!
MEPHISTOPHELES *(tritt auf).* Bin so frei grad hereinzutreten,
Muss bei den Fraun Verzeihn erbeten.
(Tritt ehrbietig vor Margareten zurück.)
Wollt nach Frau Marthe Schwerdlein fragen!
MARTHE. Ich bin's, was hat der Herr zu sagen?
MEPH. *(leise zu ihr).* Ich kenn Sie jetzt, mir ist das gnug;

Sie hat da gar vornehmen Besuch.
Verzeiht die Freiheit, die ich genommen,
Will nach Mittage wiederkommen.
MARTHE *(laut)*. Denk, Kind, um alles in der Welt!
Der Herr dich für ein Fräulein hält.
MARGARETE. Ich bin ein armes junges Blut,
Ach Gott, der Herr ist gar zu gut.
Der Schmuck und Schmeid, Herr, ist nicht mein.
MEPHISTOPHELES. Ach, es ist nicht der Schmuck allein.
Sie hat ein Wesen, einen Blick so scharf.
Wie freut mich's, dass ich bleiben darf.
MARTHE. Was bringt Er dann? Neugierde sehr.
MEPHISTOPHELES. Ach wollt, hätt eine froh're Mär!
Ich hoff, Sie lässt mich's drum nicht büßen:
Ihr Mann ist tot und lässt Sie grüßen.
MARTHE. Ist tot? das treue Herz! O weh!
Mein Mann ist tot, ach, ich vergeh!
MARGARETE. Ach, liebe Frau, verzweifelt nicht!
MEPHISTOPHELES. So hört die traurige Geschicht.
MARGARETE. Ich möchte drum mein' Tag' nicht lieben,
Würd mich Verlust zu Tod betrüben.
MEPHISTOPHELES. Freud muss Leid, Leid muss Freude haben.
MARTHE. Erzählt mir seines Lebens Schluss.
MEPHISTOPHELES. Er liegt in Padua begraben
Beim heiligen Antonius,
An einer wohlgeweihten Stätte
Zum ewig kühlen Ruhebette.
MARTHE. Habt Ihr sonst nichts an mich zu bringen?
MEPHISTOPHELES. Ja, eine Bitte, groß und schwer:
Lass Sie doch ja für ihn dreihundert Messen singen!
Im Übrigen sind meine Taschen leer.
MARTHE. Was? nicht ein Schaustück? kein Geschmeid?
Was jeder Handwerksbursch im Grund des Säckels spart,
Zum Angedenken aufbewahrt
Und lieber hungert, lieber bettelt!
MEPHISTOPHELES. Madam, es tut mir herzlich Leid,
Allein er hat sein Geld wahrhaftig nicht verzettelt.
Und er bereute seine Fehler sehr,
Ach, und bejammerte sein Unglück noch viel mehr.
MARGARETE. Ach, dass die Menschen so unglücklich sind!
Gewiss, ich will für ihn manch Requiem noch beten.
MEPHISTOPHELES. Ihr wäret wert, gleich in die Eh zu treten,
Ihr seid ein liebenswürdig Kind.

MARGARETE. Ach nein, das geht jetzt noch nicht an.
MEPHISTOPHELES.
Ists nicht ein Mann, sei's derweil ein Galan.
Ist eine der größten Himmelsgaben,
So ein lieb Ding im Arm zu haben.
MARGARETE. Das ist des Landes nicht der Brauch.
MEPHISTOPHELES. Brauch oder nicht! Es gibt sich auch.
MARTHE. Erzählt mir doch!
MEPHISTOPHELES. Ich stand an seinem Sterbebette.
Es war was besser als von Mist,
Von halbgefaultem Stroh; allein er starb als Christ
Und fand, dass er weit mehr noch auf der Zeche hätte.
„Wie", rief er, „muss ich mich von Grund aus hassen,
So mein Gewerb, mein Weib so zu verlassen!
Ach! die Erinnrung tötet mich.
Vergäb sie mir nur noch in diesem Leben!"
MARTHE *(weinend)*.
Der gute Mann! ich hab ihm längst vergeben.
MEPHISTOPHELES.
„Allein, weiß Gott, sie war mehr schuld als ich."
MARTHE. Das lügt er! Was? am Rand des Tods zu lügen!
MEPHISTOPHELES. Er fabelte gewiss in letzten Zügen,
Wenn ich nur halb ein Kenner bin.
„Ich hatte", sprach er, „nicht zum Zeitvertreib zu gaffen,
Erst Kinder, und dann Brot für sie zu schaffen,
Und Brot im allerweitsten Sinn.
Ich konnte nicht einmal mein Teil in Frieden essen."
MARTHE. Hat er so aller Treu, so aller Lieb vergessen,
Der Plackerei bei Tag und Nacht?
MEPHISTOPHELES.
Nicht doch, er hat recht herzlich dran gedacht.
Er sprach: „Als ich nun weg von Malta ging,
Da betet' ich für Frau und Kinder brünstig.
Uns war denn auch der Himmel günstig,
Dass unser Schiff ein türkisch Fahrzeug fing,
Das einen Schatz des großen Sultans führte.
Da ward der Tapferkeit ihr Lohn,
Und ich empfing dann auch, wie sichs gebührte,
Mein wohlgemessen Teil davon."
MARTHE. Ei wie? Ei wo? hat er's vielleicht vergraben?
MEPHISTOPHELES.
Wer weiß, wo nun es die vier Winde haben.
Ein schönes Fräulein nahm sich seiner an,

Als er in Napel fremd umherspazierte,
Sie hat an ihm viel Lieb's und Treu getan,
Dass er's bis an sein selig Ende spürte.
MARTHE. Der Schelm! Der Dieb an seinen Kindern!
Auch alles Elend, alle Not
Konnt' nicht sein schändlich Leben hindern.
MEPHISTOPHELES. Ja, seht! dafür ist er nun tot.
Wär ich nun jetzt an Eurem Platze,
Betrauert ihn ein züchtig Jahr,
Visiert dann unterweil nach einem neuen Schatze.
MARTHE. Ach Gott! Wie doch mein erster war,
Find ich nicht leicht auf dieser Welt den andern.
Es konnte kaum ein herz'ger Närrchen sein.
Ihm fehlte nichts als allzu gern zu wandern,
Und fremde Weiber und der Wein,
Und das verfluchte Würfelspiel.
MEPHISTOPHELES. Nun, nun, das konnte gehn und stehen,
Wenn er Euch ohngefähr so viel
Von seiner Seite nachgesehen.
Ich schwör Euch zu, um das Geding
Wechselt ich selbst mit Euch den Ring.
MARTHE. Oh, es beliebt dem Herrn zu scherzen.
MEPHISTOPHELES *(vor sich).*
Nun mach ich mich bei Zeiten fort,
Die hielte wohl den Teufel selbst beim Wort.
(Zu Gretchen.) Wie steht es denn mit Ihrem Herzen?
MARGARETE. Was meint der Herr damit?
MEPHISTOPHELES *(vor sich).* Du guts unschuldigs Kind!
(Laut.) Lebt wohl, ihr Fraun!
MARTHE. O sagt mir doch geschwind!
Ich möchte gern ein Zeugnis haben,
Wo, wie und wenn mein Schatz gestorben und begraben.
Ich bin von je der Ordnung Freund gewesen,
Möcht ihn auch tot im Wochenblättchen lesen.
MEPHISTOPHELES.
Ja, gute Frau, durch zweier Zeugen Mund
Wird allewegs die Wahrheit kund.
Habe noch gar einen feinen Gesellen,
Den will ich Euch vor den Richter stellen.
Ich bring ihn her.
MARTHE. O tut das ja.
MEPHISTOPHELES. Und hier die Jungfer ist auch da?
Ein braver Knab, ist viel gereist,

Fräuleins alle Höflichkeit erweist.
MARGARETE. Müsst vor solch Herren schamrot werden.
MEPHISTOPHELES. Vor keinem Könige der Erden.
MARTHE. Da hinterm Haus in meinem Garten
Wollen wir der Herrn heut Abend warten. *(Alle ab.)*

Faust. Mephistopheles.

FAUST. Wie ist's? Will's fördern, will's bald gehn?
MEPHISTOPHELES. Ach bravo! find ich Euch im Feuer!
In kurzer Zeit ist Gretchen Euer.
Heut Abend sollt Ihr sie bei Nachbar Marthen sehn.
Das ist ein Weib wie auserlesen
Zum Kuppler- und Zigeunerwesen.
FAUST. Sie ist mir lieb.
MEPHISTOPHELES. Doch geht's nicht ganz umsunst,
Eine Gunst ist wert der andern Gunst:
Wir legen nur ein gültig Zeugnis nieder,
Dass ihres Ehherrn ausgereckte Glieder
In Padua an heil'ger Stätte ruhn.
FAUST. Sehr klug! Wir werden erst die Reise machen müssen.
MEPHISTOPHELES.
Sancta simplicitas! Darum ist's nicht zu tun.
Bezeugt nur, ohne viel zu wissen.
FAUST. Wenn Er nichts Bessers hat, so ist der Plan zerrissen.
MEPHISTOPHELES.
O heil'ger Mann, da wärt Ihr's nun!
Es ist gewiss das Erst in Eurem Leben,
Dass Ihr falsch Zeugnis abgelegt.
Habt Ihr von Gott, der Welt, und was sich drinne regt,
Vom Menschen, und was ihm in Kopf und Herzen schlägt,
Definitionen nicht mit großer Kraft gegeben?
Und habt davon in Geist und Brust
So viel als von Herrn Schwerdleins Tod gewusst.
FAUST. Du bist und bleibst ein Lügner, ein Sophiste.
MEPHISTOPHELES.
Ja, wenn man's nicht ein bisschen tiefer wüsste.
Denn morgen wirst, in allen Ehren,
Das arme Gretchen nicht betören,
Und alle Seelenlieb ihr schwören?
FAUST. Und zwar von Herzen!
MEPHISTOPHELES. Gut und schön.
Dann wird von ew'ger Treu und Liebe,
Von einzig überallmächtgem Triebe –

Wird das auch so von Herzen gehn?
FAUST. Lass das, es wird! Wenn ich empfinde
Und dem Gefühl und dem Gewühl
Vergebens Namen such und keine Namen finde,
Und in der Welt mit allen Sinnen schweife
Und alle höchsten Worte greife,
Und diese Glut, von der ich brenne,
Unendlich, ewig, ewig nenne,
Ist das ein teuflisch Lügenspiel?
MEPHISTOPHELES. Ich hab doch Recht!
FAUST. Hör, merk dir dies,
Ich bitte dich, und schone meine Lunge!
Wer Recht behalten will und hat nur eine Zunge,
Der hält's gewiss.
Und komm, ich hab des Schwätzens Überdruss,
Denn du hast Recht, vorzüglich weil ich muss.

GARTEN

Margarete an Faustens Arm. Marthe mit Mephistopheles auf und ab spazierend.

MARGARETE.
Ich fühl es wohl, dass mich der Herr nur schont,
Herab sich lässt bis zum Beschämen.
Ein Reisender ist so gewohnt,
Aus Gütigkeit vorlieb zu nehmen,
Ich weiß zu gut, dass solch erfahrnen Mann
Mein arm Gespräch nicht unterhalten kann.
FAUST. Ein Blick von dir, ein Wort mehr unterhält
Als alle Weisheit dieser Welt. *(Er küsst ihre Hand.)*
MARGARETE.
Inkommodiert Euch nicht! Wie könnt Ihr sie nur küssen?
Sie ist so garstig, ist so rau.
Was hab ich nicht schon alles schaffen müssen!
Die Mutter ist gar zu genau.
(Gehn vorüber.)
MARTHE. Und Ihr, mein Herr, Ihr reist so immer fort?
MEPHISTOPHELES.
Ach, dass Gewerb und Pflicht uns dazu treiben!
Mit wie viel Schmerz verlässt man manchen Ort,
Und darf doch nun einmal nicht bleiben.

MARTHE. In raschen Jahren gehts wohl an,
So um und um frei durch die Welt zu streifen;
Doch kommt die böse Zeit heran,
Und sich als Hagestolz allein zum Grab zu schleifen,
Das hat noch keinem wohl getan.
MEPHISTOPHELES. Mit Grausen seh ich das von weiten.
MARTHE. Drum, werter Herr, beratet Euch in Zeiten.
(Gehn vorüber.)
MARGARETE. Ja, aus den Augen aus dem Sinn!
Die Höflichkeit ist Euch geläufig.
Allein Ihr habt der Freunde häufig,
Und weit verständger als ich bin.
FAUST. O Beste! Glaube, dass, was man verständig nennt,
Mehr Kurzsinn, Eigensinn und Eitelkeit ist.
MARGARETE. Wie?
FAUST. Ach, dass die Einfalt, dass die Unschuld nie
Sich selbst und ihren heil'gen Wert erkennt!
Dass Demut, Niedrigkeit, die höchsten Gaben
Der liebausteilenden Natur –
MARGARETE. Denkt Ihr an mich ein Augenblickchen nur,
Ich werde Zeit genug an Euch zu denken haben.
FAUST. Ihr seid wohl viel allein?
MARGARETE. Ja, unsre Wirtschaft ist nur klein,
Und doch will sie versehen sein.
Wir haben keine Magd, muss kochen, fegen, stricken,
Und nähn, und laufen früh und spat.
Und meine Mutter ist in allen Stücken
So akkurat.
Nicht, dass sie just so sehr sich einzuschränken hat,
Wir könnten uns weit eh' als andre regen.
Mein Vater hinterließ ein hübsch Vermögen,
Ein Häuschen und ein Gärtchen vor der Stadt.
Doch hab ich jetzt so ziemlich stille Tage;
Mein Bruder ist Soldat,
Mein Schwesterchen ist tot.
Ich hatte mit dem Kind wohl meine liebe Not,
Doch übernähm ich gern noch einmal alle Plage,
So lieb war mir das Kind.
FAUST. Ein Engel, wenn dir's glich.
MARGARETE. Ich zog es auf, und herzlich liebt' es mich.
Es war nach meines Vaters Tod geboren,
Die Mutter gaben wir verloren,
So elend wie sie damals lag,

Und sie erholte sich sehr langsam nach und nach.
Da konnte sie nun nicht dran denken,
Das arme Würmchen selbst zu tränken,
Und so erzog ich's ganz allein
Mit Wasser und mit Milch, und so ward's mein.
Auf meinem Arm, in meinem Schoß
War's freundlich, zappelig und groß.

FAUST. Du hast gewiss das reinste Glück empfunden!

MARGARETE.
Doch auch gewiss gar manche schwere Stunden.
Des Kleinen Wiege stund zu Nacht
An meinem Bett, es durfte kaum sich regen,
War ich erwacht.
Bald musst' ich's tränken, bald es zu mir legen,
Bald, wenn's nicht schweigen wollt', vom Bett aufstehn
Und tänzelnd in der Kammer auf und nieder gehn,
Und früh am Tag schon an dem Waschtrog stehn,
Dann auf dem Markt und an dem Herde sorgen,
Und immer so fort heut und morgen.
Da geht's, mein Herr, nicht immer mutig zu,
Doch schmeckt dafür das Essen und die Ruh.

(Gehn vorüber.)

MARTHE. Sagt grad, mein Herr, habt Ihr noch nichts gefunden,
Hat sich das Herz nicht irgendwo gebunden?

MEPHISTOPHELES. Das Sprüchwort sagt: Ein eigner Herd,
Ein braves Weib sind Gold und Perlen wert.

MARTHE. Ich meine: ob Ihr niemals Lust bekommen?

MEPHISTOPHELES.
Man hat mich überall recht höflich aufgenommen.

MARTHE.
Ich wollte sagen: ward's nie Ernst in Eurem Herzen?

MEPHISTOPHELES.
Mit Frauens soll man sich nie unterstehn zu scherzen.

MARTHE. Ach, Ihr versteht mich nicht.

MEPHISTOPHELES. Das tut mir herzlich Leid,
Doch ich versteh – dass Ihr sehr gütig seid.

(Gehn vorüber.)

FAUST. Du kanntest mich, o kleiner Engel, wieder,
Gleich als ich in den Garten kam?

MARGARETE. Saht Ihr es nicht? Ich schlug die Augen nieder.

FAUST. Und du verzeihst die Freiheit, die ich nahm,
Was sich die Frechheit unterfangen,
Als du letzt aus dem Dom gegangen?

MARGARETE. Ich war bestürzt, mir war das nie geschehn;
Es konnte niemand von mir Übels sagen;
Ach, dacht' ich, hat er in deinem Betragen
Was Freches, Unanständiges gesehn,
Dass ihm sogleich die Lust mocht wandeln,
Mit dieser Dirne gradehin zu handeln?
Gesteh ich's doch! Ich wusste nicht, was sich
Zu Euerm Vorteil hier zu regen gleich begonnte.
Allein gewiss, ich war recht bös auf mich,
Dass ich auf Euch nicht böser werden konnte.
FAUST. Süß Liebchen!
MARGARETE. Lasst einmal!
(Sie pflückt eine Sternblume und zupft die Blätter ab, eins nach dem andern.)
FAUST. Was soll das? Keinen Strauß?
MARGARETE. Nein, es soll nur ein Spiel.
FAUST. Wie?
MARGARETE. Geht, Ihr lacht mich aus.
(Sie rupft und murmelt.)
FAUST. Was murmelst du?
MARGARETE *(halblaut).* Er liebt mich – Liebt mich nicht –
FAUST. Du holdes Himmelsangesicht!
MARGARETE *(fährt fort).* Liebt mich – nicht – liebt mich – nicht –
(Das letzte Blatt ausrupfend mit holder Freude.)
Er liebt mich!
FAUST. Ja, mein Kind! Lass dieses Blumenwort
Dir Götterausspruch sein: Er liebt dich!
Verstehst du, was das heißt: Er liebt dich!
(Er fasst ihr beide Hände.)
MARGARETE. Mich überläufts!
FAUST. O schaudre nicht! Lass diesen Blick,
Lass diesen Händedruck dir sagen,
Was unaussprechlich ist:
Sich hinzugeben ganz und eine Wonne
Zu fühlen, die ewig sein muss!
Ewig! – Ihr Ende würde Verzweiflung sein.
Nein, kein Ende! Kein Ende!
(Margarete drückt ihm die Hände, macht sich los und läuft weg. Er steht einen Augenblick in Gedanken, dann folgt er ihr.)
MARTHE. Die Nacht bricht an.
MEPHISTOPHELES. Ja, und wir wollen fort.
MARTHE. Ich bät Euch länger hier zu bleiben,
Allein es ist ein gar zu böser Ort.

Es ist, als hätte niemand nichts zu treiben
Und nichts zu schaffen,
Als auf des Nachbarn Schritt und Tritt zu gaffen,
Und man kommt ins Gespräch, wie man sich immer stellt.
Und unser Pärchen?

MEPHISTOPHELES. Ist den Gang dort aufgeflogen.
Mutwillge Sommervögel!

MARTHE. Er scheint ihr gewogen.

MEPHISTOPHELES.
Und sie ihm auch. Das ist der Lauf der Welt.

EIN GARTENHÄUSCHEN

Margarete mit Herzklopfen herein, steckt sich hinter die Türe, hält die Fingerspitze an die Lippen und guckt durch die Ritze.

MARGARETE. Er kommt!

FAUST. Ach Schelm, so neckst du mich!
Treff ich dich! *(Er küsst sie.)*

MARGARETE *(ihn fassend und den Kuss zurückgebend).*
Bester Mann, schon lange lieb ich dich!

Mephistopheles klopft an.

FAUST *(stampfend).* Wer da?

MEPHISTOPHELES. Gut Freund.

FAUST. Ein Tier!

MEPHISTOPHELES. Es ist wohl Zeit zu scheiden.

MARTHE. Ja, es ist spät, mein Herr.

FAUST. Darf ich Euch nicht geleiten?

MARGARETE.
Die Mutter würde mich! Lebt wohl!

FAUST. Muss ich dann gehn?
Lebt wohl!

MARTHE. Ade!

MARGARETE. Auf baldig Wiedersehn!

(Faust, Mephistopheles ab.)

MARGARETE. Du lieber Gott, was so ein Mann
Nit alles, alles denken kann!
Beschämt nur steh ich vor ihm da
Und sag zu allen Sachen ja.
Bin doch ein arm unwissend Kind,
Begreif nicht, was er an mir findt. *(Ab.)*

GRETCHENS STUBE

GRETCHEN *(am Spinnrocken allein).*

Meine Ruh ist hin,
Mein Herz ist schwer;
Ich finde sie nimmer
Und nimmermehr.

Wo ich ihn nicht hab,
Ist mir das Grab,
Die ganze Welt
Ist mir vergällt.

Mein armer Kopf
Ist mir verrückt,
Mein armer Sinn
Ist mir zerstückt.

Meine Ruh ist hin,
Mein Herz ist schwer;
Ich finde sie nimmer
Und nimmermehr.

Nach ihm nur schau ich
Zum Fenster hinaus,
Nach ihm nur geh ich
Aus dem Haus.

Sein hoher Gang,
Sein edle Gestalt,
Seines Mundes Lächlen,
Seiner Augen Gewalt

Und seiner Rede
Zauberfluss,
Sein Händedruck
Und, ach, sein Kuss!

Meine Ruh ist hin,
Mein Herz ist schwer;
Ich finde sie nimmer
Und nimmermehr.

Mein Schoß, Gott! drängt
Sich nach ihm hin.
Ach dürft ich fassen
Und halten ihn

Und küssen ihn
So wie ich wollt,
An seinen Küssen
Vergehen sollt!

MARTHENS GARTEN

Margarete. Faust.

GRETCHEN. Sag mir doch, Heinrich!
FAUST. Was ist dann?
GRETCHEN. Wie hast du's mit der Religion?
Du bist ein herzlich guter Mann,
Allein ich glaub, du hältst nicht viel davon.
FAUST. Lass das, mein Kind, du fühlst, ich bin dir gut;
Für die ich liebe, ließ ich Leib und Blut,
Will niemand sein Gefühl und seine Kirche rauben.
GRETCHEN. Das ist nicht recht, man muss dran glauben!
FAUST. Muss man?
GRETCHEN. Ach wenn ich etwas auf dich könnte!
Du ehrst auch nicht die heil'gen Sakramente.
FAUST. Ich ehre sie.
GRETCHEN. Doch ohne Verlangen.
Wie lang bist du zur Kirch, zum Nachtmahl nicht gegangen?
Glaubst du an Gott?
FAUST. Mein Kind, wer darf das sagen:
Ich glaub einen Gott!
Magst Priester, Weise fragen,
Und ihre Antwort scheint nur Spott
Über den Frager zu sein.
GRETCHEN. So glaubst du nicht?
FAUST. Misshör mich nicht, du holdes Angesicht!
Wer darf ihn nennen?
Und wer bekennen:
Ich glaub ihn?
Wer empfinden
Und sich unterwinden

Zu sagen: ich glaub ihn nicht?
Der Allumfasser,
Der Allerhalter,
Fasst und erhält er nicht
Dich, mich, sich selbst?
Wölbt sich der Himmel nicht da droben?
Liegt die Erde nicht hier unten fest?
Und steigen hüben und drüben
Ewige Sterne nicht herauf?
Schau ich nicht Aug in Auge dir,
Und drängt nicht alles
Nach Haupt und Herzen dir
Und webt in ewigem Geheimnis
Unsichtbar sichtbar neben dir?
Erfüll davon dein Herz, so groß es ist,
Und wenn du ganz in dem Gefühle selig bist,
Nenn das dann, wie du willst,
Nenn's Glück! Herz! Liebe! Gott!
Ich habe keinen Namen
Dafür. Gefühl ist alles,
Name Schall und Rauch,
Umnebelnd Himmelsglut.

GRETCHEN. Das ist alles recht schön und gut;
Ohngefähr sagt das der Katechismus auch,
Nur mit ein bisschen andern Worten.

FAUST. Es sagen's allerorten
Alle Herzen unter dem himmlischen Tage,
Jedes in seiner Sprache,
Warum nicht ich in der meinen?

GRETCHEN. Wenn man's so hört, möcht's leidlich scheinen,
Steht aber doch immer schief darum,
Denn du hast kein Christentum.

FAUST. Liebes Kind!

GRETCHEN. Es tut mir lang schon weh!
Dass ich dich in der Gesellschaft seh.

FAUST. Wieso?

GRETCHEN. Der Mensch, den du da bei dir hast,
Ist mir in tiefer innrer Seel verhasst;
Es hat mir in meinem Leben
So nichts einen Stich ins Herz gegeben,
Als des Menschen sein Gesicht.

FAUST. Liebe Puppe, fürcht ihn nicht.

GRETCHEN. Seine Gegenwart bewegt mir das Blut.

Ich bin sonst allen Menschen gut;
Aber wie ich mich sehne dich zu schauen,
Hab ich vor dem Menschen ein heimlich Grauen
Und halt ihn für einen Schelm dazu.
Gott verzeih mir's, wenn ich ihm unrecht tu!
FAUST. Es ist ein Kauz wie's mehr noch geben.
GRETCHEN. Möcht nicht mit seinesgleichen leben.
Kommt er einmal zur Tür herein,
Er sieht immer so spöttisch drein
Und halb ergrimmt;
Man sieht, dass er an nichts keinen Anteil nimmt;
Es steht ihm an der Stirn geschrieben,
Dass er nicht mag eine Seele lieben.
Mir wird's so wohl in deinem Arm,
So frei, so hingegeben warm,
Und seine Gegenwart schnürt mir das Innre zu.
FAUST. Du ahndungsvoller Engel du!
GRETCHEN. Das übermannt mich so sehr,
Dass, wo er mag zu uns treten,
Mein ich sogar, ich liebte dich nicht mehr.
Auch, wenn er da ist, könnt ich nimmer beten.
Und das frisst mir ins Herz hinein;
Dir, Heinrich, muss es auch so sein.
FAUST. Du hast nun die Antipathie!
GRETCHEN. Ich muss nun fort.
FAUST. Ach kann ich nie
Ein Stündchen ruhig dir am Busen hängen
Und Brust an Brust und Seel an Seele drängen?
GRETCHEN. Ach, wenn ich nur alleine schlief,
Ich ließ dir gern heut Nacht den Riegel offen;
Doch meine Mutter schläft nicht tief,
Und würden wir von ihr betroffen,
Ich wär gleich auf der Stelle tot.
FAUST. Du Engel, das hat keine Not.
Hier ist ein Fläschchen, und drei Tropfen nur
In ihren Trank umhüllen
In tiefen Schlaf gefällig die Natur.
GRETCHEN. Was tu ich nicht um deinetwillen!
Es wird ihr hoffentlich nicht schaden?
FAUST. Würd ich sonst, Liebchen, dir es raten?
GRETCHEN. Seh ich dich, bester Mann, nur an,
Weiß nicht, was mich nach deinem Willen treibt,
Ich habe schon für dich so viel getan,

Dass mir zu tun fast nichts mehr überbleibt. *(Ab.)*
MEPHISTOPHELES *(tritt auf).*
Der Grasaff! ist er weg?
FAUST. Hast wieder spioniert?
MEPHISTOPHELES.
Ich hab's ausführlich wohl vernommen,
Herr Doktor wurden da katechisiert.
Hoff, es soll Ihnen wohl bekommen.
Die Mädels sind doch sehr interessiert,
Ob einer fromm und schlicht nach altem Brauch.
Sie denken: duckt er da, folgt er uns eben auch!
FAUST. Du Ungeheuer siehst nicht ein,
Wie diese engelsliebe Seele
Von ihrem Glauben voll,
Der ganz allein
Ihr selig machend ist, sich heilig quäle,
Dass der nun, den sie liebt, verloren werden soll.
MEPHISTOPHELES. Du übersinnlicher, sinnlicher Freier!
Ein Mägdelein nasführet dich.
FAUST. Du Spottgeburt von Dreck und Feuer!
MEPHISTOPHELES.
Und die Physiognomie versteht sie meisterlich.
In meiner Gegenwart wird's ihr, sie weiß nicht wie,
Mein Mäskchen da weissagt ihr borgnen Sinn,
Sie fühlt, dass ich ganz sicher ein Genie,
Vielleicht wohl gar ein Teufel bin.
Nun, heute Nacht –?
FAUST. Was geht dich's an?
MEPHISTOPHELES. Hab ich doch meine Freude dran.

AM BRUNNEN

Gretchen und Lieschen mit Krügen.

LIESCHEN. Hast nichts von Bärbelchen gehört?
GRETCHEN. Kein Wort, ich komm gar wenig unter Leute.
LIESCHEN. Gewiss, Sibylle sagt' mir's heute!
Die hat sich endlich auch betört.
Das ist das Vornehmtun!
GRETCHEN. Wieso?
LIESCHEN. Es stinkt!
Sie füttert zwei jetzt, wenn sie isst und trinkt.

GRETCHEN. Ach!
LIESCHEN. Ja, so ist's ihr endlich gangen,
Wie lang hat s' an dem Kerl gehangen!
Das war ein Gespazieren,
Auf Dorf und Tanzplatz Führen,
Musst' überall die Erste sein.
Kurtesiert' ihr immer mit Pastetchen und Wein.
Bild't sich was auf ihre Schönheit ein,
War doch so ehrlos, sich nicht zu schämen,
Geschenke von ihm anzunehmen.
War ein Gekos und ein Geschleck,
Ja, da ist dann das Blümchen weg.
GRETCHEN. Das arme Ding!
LIESCHEN. Bedauer sie kein Haar.
Wenn unsereins am Spinnen war,
Uns nachts die Mutter nicht 'nabe ließ,
Stand sie bei ihrem Buhlen süß.
Auf der Türbank und dem dunkeln Gang
Ward ihnen keine Stund zu lang.
Da mag sie denn sich ducken nun,
Im Sünderhemdchen Kirchbuß tun!
GRETCHEN. Er nimmt sie gewiss zu seiner Frau.
LIESCHEN. Er wär ein Narr. Ein flinker Jung
Hat anderwärts noch Luft genung.
Er ist auch durch.
GRETCHEN. Das ist nicht schön.
LIESCHEN. Kriegt sie ihn, soll's ihr übel gehn.
Das Kränzel reißen die Buben ihr
Und Häcksel streuen wir vor die Tür! *(Ab.)*
GRETCHEN *(heimegehend)*.
Wie konnt' ich sonst so tapfer schmälen,
Wenn tät ein armes Mägdlein fehlen!
Wie konnt' ich über andrer Sünden
Nicht Worte gnug der Zunge finden!
Wie schien mir's schwarz, und schwärzt's noch gar,
Mir's nimmer doch nit schwarz gnug war.
Und segnet mich und tat so groß,
Und bin nun selbst der Sünde bloß!
Doch – alles, was mich dazu trieb,
Gott! war so gut! ach, war so lieb!

ZWINGER

In der Mauerhöhle ein Andachtsbild der Mater dolorosa, Blumenkrüge davor.

GRETCHEN *(gebeugt, schwenkt die Krüge im nächsten Brunn, füllt sie mit frischen Blumen, die sie mitbrachte).*

Ach neige,
Du Schmerzenreiche,
Dein Antlitz ab zu meiner Not!

Das Schwert im Herzen,
Mit tauben Schmerzen
Blickst auf zu deines Sohnes Tod!
Zum Vater blickst du,
Und Seufzer schickst du
Hinauf um sein und deine Not!

Wer fühlet,
Wie wühlet
Der Schmerz mir im Gebein?
Was mein armes Herz hier banget,
Was es zittert, was verlanget,
Weißt nur du, nur du allein.

Wohin ich immer gehe,
Wie weh, wie weh, wie wehe
Wird mir im Busen hier!
Ich bin, ach, kaum alleine,
Ich wein, ich wein, ich weine,
Das Herz zerbricht in mir.

Die Scherben vor meinem Fenster
Betaut' ich mit Tränen, ach!
Als ich am frühen Morgen
Dir diese Blumen brach.

Schien hell in meine Kammer
Die Sonne früh herauf,
Saß ich in allem Jammer
In meinem Bett schon auf.

Hilf retten mich von Schmach und Tod!
Ach neige,
Du Schmerzenreiche,
Dein Antlitz ab zu meiner Not!

DOM

Exequien der Mutter Gretchens.
Gretchen, alle Verwandte.
Amt, Orgel und Gesang.

BÖSER GEIST *(hinter Gretchen).*
Wie anders, Gretchen, war dir's,
Als du noch voll Unschuld
Hier zum Altar tratst,
Und im verblätterten Büchelchen
Deinen Gebeten nachlalltest,
Halb Kinderspiel,
Halb Gott im Herzen!
Gretchen!
Wo steht dein Kopf?
In deinem Herzen
Welche Missetat?
Betest du für deiner Mutter Seel,
Die durch dich sich in die Pein hinüberschlief?
– Und unter deinem Herzen,
Schlägt da nicht quillend schon
Brandschande – Malgeburt?
Und ängstet dich und sich
Mit ahndevoller Gegenwart?
GRETCHEN. Weh! Weh!
Wär ich der Gedanken los,
Die mir rüber und nüber gehn
Wider mich!
CHOR. Dies irae, dies illa
Solvet saeclum in favilla. *(Orgelton.)*
BÖSER GEIST. Grimm fasst dich!
Der Posaunen Klang!
Die Gräber beben!
Und dein Herz,
Aus Aschenruh
Zu Flammenqualen
Wieder aufgeschaffen,

Bebt auf!
GRETCHEN. Wär ich hier weg!
Mir ist, als ob die Orgel mir
Den Atem versetzte,
Gesang mein Herz
Im Tiefsten löste.
CHOR. Judex ergo cum sedebit,
Quidquid latet adparebit,
Nil inultum remanebit.
GRETCHEN. Mir wird so eng!
Die Mauernpfeiler
Befangen mich!
Das Gewölbe
Drängt mich! – Luft!
BÖSER GEIST. Verbirgst du dich?
Blieben verborgen
Dein Sünd und Schand?
Luft? Licht?
Weh dir!
CHOR. Quid sum miser tunc dicturus?
Quem Patronum rogaturus?
Cum vix justus sit securus?
BÖSER GEIST. Ihr Antlitz wenden
Verklärte von dir ab.
Die Hände dir zu reichen
Schauert's ihnen,
Den Reinen.
Weh!
CHOR. Quid sum miser tunc dicturus?
GRETCHEN. Nachbarin! Euer Fläschchen! –
(Sie fällt in Ohnmacht.)

NACHT

Vor Gretchens Haus.

VALENTIN *(Soldat, Gretchens Bruder).*
Wenn ich so saß bei 'em Gelag,
Wo mancher sich berühmen mag,
Und all und all mir all den Flor
Der Mägdlein mir gepriesen vor,
Mit vollem Glas das Lob verschwemmt

– Den Ellebogen aufgestemmt,
Saß ich in meiner sichern Ruh,
Hört all dem Schwadronieren zu,
Und striche lachend meinen Bart
Und kriege das volle Glas zur Hand
Und sage: „Alles nach seiner Art!
Aber ist eine im ganzen Land,
Die meiner trauten Gretel gleicht,
Die meiner Schwester das Wasser reicht?"
Top! Top! Kling! Klang! das ging herum.
Die einen schrieen: „Er hat Recht,
Sie ist die Zier vom ganzen Geschlecht!"
Da saßen alle die Lober stumm.
Und jetzt! – das Haar sich auszuraufen,
Um an den Wänden 'naufzulaufen!
Mit Stichelreden, Nasenrümpfen
Soll jeder Schurke mich beschimpfen!
Soll wie ein böser Schuldner sitzen,
Bei jedem Zufallswörtchen schwitzen!
Und sollt ich sie zusammenschmeißen,
Könnt ich sie doch nicht Lügner heißen.

Faust. Mephistopheles.

FAUST. Wie von dem Fenster dort der Sakristei
Der Schein der ew'gen Lampe aufwärts flämmert,
Und schwach und schwächer seitwärts dämmert,
Und Finsternis drängt ringsum bei:
So sieht's in diesem Busen nächtig.
MEPHISTOPHELES.
Und mir ist's wie dem Kätzlein schmächtig,
Das an den Feuerleitern schleicht,
Sich leis so an die Mauern streicht.
Wär mir ganz tugendlich dabei,
Ein bisschen Diebsgelüst, ein bisschen Rammelei.
Nun frisch dann zu! Das ist ein Jammer,
Ihr geht nach Eures Liebchens Kammer,
Als gingt Ihr in den Tod.
FAUST. Was ist die Himmelsfreud in ihren Armen?
Das Durcherschüttern, Durcherwarmen,
Verdrängt es diese Seelennot?
Ha! bin ich nicht der Flüchtling, Unbehauste,
Der Unmensch ohne Zweck und Ruh,
Der wie ein Wassersturz von Fels zu Felsen brauste,

Begierig wütend nach dem Abgrund zu?
Und seitwärts sie mit kindlich dumpfen Sinnen
Im Hüttchen auf dem kleinen Alpenfeld,
Und all ihr häusliches Beginnen
Umfangen in der kleinen Welt.
Und ich, der Gottverhasste,
Hatte nicht genug,
Dass ich die Felsen fasste
Und sie zu Trümmern schlug!
Sie, ihren Frieden musst' ich untergraben!
Du, Hölle, wolltest dieses Opfer haben!
Hilf, Teufel, mir die Zeit der Angst verkürzen,
Mags schnell geschehn, was muss geschehn!
Mag ihr Geschick auf mich zusammenstürzen,
Und sie mit mir zu Grunde gehn!

MEPHISTOPHELES. Wie's wieder brotzelt! wieder glüht!
Geh ein und tröste sie, du Tor!
Wo so ein Köpfchen keinen Ausgang sieht,
Stellt es sich gleich das Ende vor.

Faust. Mephistopheles.

FAUST. Im Elend! Verzweifelnd! Erbärmlich auf der Erde lang verirrt! Als Missetäterin im Kerker zu entsetzlichen Qualen eingesperrt, das holde unselige Geschöpf! Bis dahin! – Verräterischer, nichtswürdiger Geist, und das hast du mir verheimlicht! Steh nur, steh! Wälze die teuflischen Augen ingrimmend im Kopf herum! steh und trutze mir durch deine unerträgliche Gegenwart! Gefangen! Im unwiederbringlichen Elend bösen Geistern übergeben und der richtenden gefühllosen Menschheit! Und du wiegst mich indes in abgeschmackten Freuden ein, verbirgst mir ihren wachsenden Jammer und lässest sie hülflos verderben!

MEPHISTOPHELES. Sie ist die Erste nicht!

FAUST. Hund! abscheuliches Untier! – Wandle ihn, du unendlicher Geist, wandle den Wurm wieder in die Hundsgestalt, in der er sich nächtlicher Weile oft gefiel vor mir herzutrotten, dem harmlosen Wandrer vor die Füße zu kollern und dem Umstürzenden sich auf die Schultern zu hängen! Wandl' ihn wieder in seine Lieblingsbildung, dass er vor mir im Sand auf dem Bauch krieche, ich ihn mit Füßen trete, den Verworfnen! – Die Erste nicht! – Jammer! Jammer! von keiner Menschenseele zu fassen, dass mehr als ein Geschöpf in die Tiefe dieses Elends sank, dass nicht das Erste in seiner windenden Todesnot genugtat für die Schuld aller Übrigen vor den Augen des Ewigen. Mir wühlt es Mark und Leben durch, das Elend dieser Einzigen, und du grinsest gelassen über das Schicksal von Tausenden hin!

MEPHISTOPHELES. Großhans! nun bist du wieder am Ende deines Witzes, an dem Fleckchen, wo euch Herrn das Köpfchen überschnappt. Warum machst du Gemeinschaft mit uns, wenn du nicht mit uns auswirtschaften kannst? Willst fliegen und der Kopf wird dir schwindlich. Eh! Drangen wir uns dir auf oder du dich uns?

FAUST. Blecke deine gefräßigen Zähne mir nicht so entgegen, mir ekelt's! – Großer, herrlicher Geist, der du mir zu erscheinen würdigtest, der du mein Herz kennst und meine Seele, warum musstest du mich an den Schandgesellen schmieden, der sich am Schaden weidet und am Verderben sich letzt?

MEPHISTOPHELES. Endigst du?

FAUST. Rette sie! oder weh dir! Den entsetzlichsten Fluch über dich auf Jahrtausende! Rette sie!

MEPHISTOPHELES. Ich kann die Bande des Rächers nicht lösen, seine Riegel nicht öffnen. Rette sie –? Wer war's, der sie ins Verderben stürzte? Ich oder du?

(Faust blickt wild umher.)

MEPHISTOPHELES. Greifst du nach dem Donner? Wohl, dass er euch elenden Sterblichen nicht gegeben ward! Ist's doch das einzige Kunststück, euch in euern Verworrenheiten Luft zu machen, dass ihr den entgegnenden Unschuldigen zerschmettert.

FAUST. Bring mich hin! sie soll frei sein!

MEPHISTOPHELES. Und die Gefahr, der du dich aussetzest? Wisse, dass auf der Stadt noch die Blutschuld liegt, die du auf sie gebracht hast. Dass über der Stätte des Erschlagenen rächende Geister schweben, die auf den rückkehrenden Mörder lauern.

FAUST. Noch das von dir! Mord und Tod einer Welt über dich Ungeheuer! Führe mich hin, sag ich dir, und befrei sie!

MEPHISTOPHELES. Ich führe dich, und was ich tun kann, höre! Hab ich alle Macht im Himmel und auf Erden? Des Türners Sinne will ich umneblen, bemächtige dich der Schlüssel und führe sie heraus mit Menschenhand. Ich wach und halte dir die Zauberpferde bereit. Das vermag ich.

FAUST. Auf und davon!

NACHT. OFFEN FELD

Faust, Mephistopheles auf schwarzen Pferden daherbrausend.

FAUST. Was weben die dort um den Rabenstein?
MEPHISTOPHELES. Weiß nicht, was sie kochen und schaffen.
FAUST. Schweben auf und ab, neigen sich, beugen sich.
MEPHISTOPHELES. Eine Hexenzunft.
FAUST. Sie streuen und weihen!
MEPHISTOPHELES. Vorbei! Vorbei!

KERKER

FAUST *(mit einem Bund Schlüssel und einer Lampe an einem eisernen Türchen).* Es fasst mich längst verwohnter Schauer. Inneres Grauen der Menschheit. Hier! Hier! – Auf! – Dein Zagen zögert den Tod heran!

(Er fasst das Schloss, es singt inwendig:)

Meine Mutter, die Hur,
Die mich umgebracht hat!
Mein Vater, der Schelm,
Der mich gessen hat!
Mein Schwesterlein klein
Hub auf die Bein
An einen kühlen Ort;
Da ward ich ein schönes Waldvögelein;
Fliege fort! Fliege fort!

(Faust zittert, wankt, ermannt sich und schließt auf, er hört die Ketten klirren und das Stroh rauschen.)

MARGARETE *(sich verbergend auf ihrem Lager).* Weh, Weh! sie kommen! Bittrer Tod!

FAUST *(leise).* Still! Ich komme dich zu befrein.

(Erfasst ihre Ketten, sie aufzuschließen.)

MARGARETE *(wehrend).* Weg! Um Mitternacht! Henker, ist dir's morgen frühe nicht zeitig gnug?

FAUST. Lass!

MARGARETE *(wälzt sich vor ihn hin).* Erbarme dich mein und lass mich leben! Ich bin so jung, so jung, und war schön und bin ein armes junges Mädchen. Sieh nur einmal die Blumen an, sieh nur einmal die Kron. Erbarme dich mein! Was hab ich dir getan? Hab dich mein Tage nicht gesehn.

FAUST. Sie verirrt, und ich vermags nicht.

MARGARETE. Sieh das Kind! Muss ich's doch tränken; da hatt ich's eben. Da! Ich habs getränkt! Sie nahmen mirs und sagen, ich hab es umgebracht, und singen Liedcher auf mich! – Es ist nicht wahr – es ist ein Märchen, das sich so endigt, es ist nicht auf mich, dass sie's singen.

FAUST *(der sich zu ihr hinwirft).* Gretchen!

MARGARETE *(die sich aufreißt).* Wo ist er? Ich hab ihn rufen hören, er rief: Gretchen! Er rief mir! Wo ist er? Ach, durch all das Heulen und Zähnklappen erkenn ich ihn, er ruft mir: Gretchen! *(Sich vor ihm niederwerfend.)* Mann! Mann! Gib mir ihn, schaff mir ihn! Wo ist er?

FAUST *(erfasst sie wütend um den Hals).* Meine Liebe! Meine Liebe!

(Margarete, sinkt, ihr Haupt in seinen Schoß verbergend.)

FAUST. Auf, meine Liebe! Dein Mörder wird dein Befreier. Auf! – *(Er schließt über ihrer Betäubung die Armkette auf.)* Komm, wir entgehen dem schröcklichen Schicksal.

MARGARETE *(angelehnt).* Küsse mich! Küsse mich!

FAUST. Tausendmal! Nur eile, Gretchen, eile!

MARGARETE. Küsse mich! Kannst du nicht mehr küssen? Wie? Was? Bist mein Heinrich und hast 's Küssen verlernt? Wie sonst ein ganzer Himmel mit deiner Umarmung gewaltig über mich eindrang! Wie du küsstest, als wolltest du mich in wollüstigem Tod ersticken! Heinrich, küsse mich, sonst küss ich dich! *(Sie fällt ihn an.)* Weh! Deine Lippen sind kalt! Tot! Antworten nicht!

FAUST. Folge mir, ich herze dich mit tausendfacher Glut. Nur folge mir!

MARGARETE *(sie setzt sich und bleibt eine Zeit lang stille).* Heinrich, bist du's?

FAUST. Ich bin's, komm mit!

MARGARETE. Ich begreif's nicht! Du? Die Fesseln los? Befreist mich. Wen befreist du? Weißt du's?

FAUST. Komm! Komm!

MARGARETE. Meine Mutter hab ich umgebracht! Mein Kind hab ich ertränkt. Dein Kind, Heinrich! – Großer Gott im Himmel, soll das kein Traum sein? Deine Hand, Heinrich! – Sie ist feucht – Wische sie ab, ich bitte dich! Es ist Blut dran – Stecke den Degen ein! Mein Kopf ist verrückt.

FAUST. Du bringst mich um.

MARGARETE. Nein, du sollst überbleiben, überbleiben von allen. Wer sorgte für die Gräber? So in eine Reihe, ich bitte dich, neben die Mutter den Bruder da. Mich dahin und mein Kleines an die rechte Brust. Gib mir die Hand drauf! Du bist mein Heinrich.

FAUST *(will sie wegziehen).* Fühlst du mich? Hörst du mich? Komm! Ich bin's, ich befreie dich.

MARGARETE. Da hinaus?

FAUST. Freiheit!

MARGARETE. Da hinaus? Nicht um die Welt. Ist das Grab drauß, komm! Lauert der Tod, komm! Von hier ins ewige Ruhebett, weiter nicht einen Schritt. Ach Heinrich, könnt ich mit dir in alle Welt!

FAUST. Der Kerker ist offen, säume nicht!

MARGARETE. Sie lauren auf mich an der Straße am Wald.

FAUST. Hinaus! Hinaus!

MARGARETE. Ums Leben nicht! – Siehst du's zappeln? Rette den armen Wurm, er zappelt noch! – Fort! geschwind! Nur übern Steg, gerad in Wald hinein, links am Teich, wo die Planke steht! Fort! rette! rette!

FAUST. Rette! Rette dich!

MARGARETE. Wären wir nur den Berg vorbei, da sitzt meine Mutter auf einem Stein und wackelt mit dem Kopf! Sie winkt nicht, sie nickt nicht, ihr Kopf ist ihr schwer. Sie sollt schlafen, dass wir könnten wachen und uns freuen beisammen.

FAUST *(ergreift sie und will sie wegtragen).*

MARGARETE. Ich schreie laut, laut, dass alles erwacht!

FAUST. Der Tag graut. O Liebchen! Liebchen!

MARGARETE. Tag! Es wird Tag! Der letzte Tag! Der Hochzeittag! – Sag's niemand, dass du die Nacht vorher bei Gretchen warst. – Mein Kränzchen! – Wir sehn uns wieder! – Hörst du, die Bürger schlürpfen nur über die Gassen! Hörst du? Kein lautes Wort. Die Glocke ruft! – Krack, das Stäbchen bricht! – Es zuckt in jedem Nacken die Schärfe, die nach meinem zuckt! – Die Glocke! – Hör!

MEPHISTOPHELES *(erscheint).* Auf! oder ihr seid verloren, meine Pferde schaudern, der Morgen dämmert auf.

MARGARETE. Der! der! Lass ihn! Schick ihn fort! Der will mich! Nein, nein! Gericht Gottes, komm über mich! dein bin ich; rette mich! Nimmer, nimmermehr! Auf ewig lebe wohl! Leb wohl, Heinrich.

FAUST *(sie umfassend).* Ich lasse dich nicht!

MARGARETE. Ihr heiligen Engel, bewahret meine Seele! – mir graut's vor dir, Heinrich.

MEPHISTOPHELES. Sie ist gerichtet! *(Er verschwindet mit Faust, die Türe rasselt zu.)*

(Man hört verhallend:) Heinrich! Heinrich!

NACHWORT

„Habent sua fata libelli", Bücher haben ihre Schicksale; diese Feststellung des Terentianus Maurus aus dem 3. nachchristlichen Jahrhundert ist längst zum geflügelten Wort geworden. Bemerkenswert ist, wie sehr sie gleich auf zwei Manuskripte Goethes zutrifft – Manuskripte, die zu Werken gehören, die den Dichter über weite Strecken seines Lebensweges begleitet haben: „Faust" und „Wilhelm Meister". Als Vorstufe zu „Wilhelm Meisters Lehrjahre" wurde 1910 die unter dem Titel „Wilhelm Meisters theatralische Sendung" bekannte Abschrift in Zürich entdeckt.

Als der sechsundzwanzigjährige Goethe 1775 auf Einladung des jungen Herzogs Carl August nach Weimar gekommen war, las er im Winter aus einem Manuskript vor, an dem er vermutlich schon drei Jahre geschrieben hatte und das von dem legendären Zauberer Faust handelte. Der historische Faust, Georg mit Vornamen, wurde um 1480 in Knittlingen (Württemberg) geboren und starb um 1538 in Stauffen (Breisgau).

Zur Leserunde bei der Herzogin Anna Amalia gehörte auch deren Hofdame, Louise von Göchhausen (1752–1807), die Tochter des Eisenacher Schlosshauptmanns. Sie muss sich das Manuskript von Goethe zur Abschrift erbeten haben. Diese Abschrift entdeckte der Literaturhistoriker Erich Schmidt 1887 in ihrem Nachlass und gab sie als „Goethes Faust in ursprünglicher Gestalt" heraus. Der Text wird seither allgemein als „Urfaust" bezeichnet; allerdings zieht Albrecht Schöne in seiner umfangreich kommentierten „Faust"-Ausgabe von 1994 die Bezeichnung „Frühe Fassung" vor (vgl. Kommentarband, S. 81ff.).

Vor allem bietet der „Urfaust" Skizzen, in denen sich das ungestüme und kaum gezügelte Temperament des Stürmers und Drängers äußert. Deutlich markiert sich die Gretchen-Tragödie, für die es in Frankfurt, als Goethe dort nach seinem in Straßburg abgeschlossenen Jura-Studium weilte, ein Vorbild gab: Am 14. Januar 1772 wurde die 24-jährige ledige Dienstmagd Susanna Margaretha Brandt hingerichtet, weil sie ihr uneheliches Kind nach der Geburt getötet hatte. Auch das Drama Fausts, der verzweifelnd nach gelehrter Erkenntnis strebt, ist im „Urfaust" schon angelegt.

„Seit man den ‚Urfaust' kennt", schreibt Erich Trunz in seinem Nachwort zum „Faust"-Band der Hamburger Ausgabe, „genießt man ihn als eine Köstlichkeit. Er übt in besonderem Maße jenen unnennbaren Zauber des Unmittelbaren, Lebensprühenden, Innig-Kraftvollen aus, den jede Zeile der vorweimarer Jahre besitzt, der für uns bezeichnet ist mit den Worten: der junge Goethe." (3. Aufl., S. 635)

1951 stellte Manfred Hausmann im „Weser-Kurier" (Nr. 298 vom 24. Dezember, Seite III/2) das von Dr. Kurd Schulz, dem langjährigen Leiter der Bremer Volksbüchereien, im Besitz einer Bremer Familie entdeckte sog. „Bremer Faust-Fragment" vor. Es handelt sich um „fünf von Goethes Hand beschriebene Seiten, die einen neuen Aufbau der ersten Faust-Szenen dartun", schreibt Hausmann und fährt fort: „Das Besondere an dem ‚Bremer Faust-Fragment' ist seine Lebendigkeit … es ist in seiner skizzenhaften Art erfüllt und überwältigt vom inneren Sturm des Schöpferischen."

ZEITTAFEL

1749 am 28. August wurde Johann Wolfgang Goethe in Frankfurt/Main geboren. Eltern: Catharina Elisabeth, geborene Textor (1731–1808) und der Kaiserliche Rat Dr. jur. Johann Caspar Goethe (1710–1782)

„Vom Vater hab ich die Statur,
Des Lebens ernstes Führen,
Von Mütterchen die Frohnatur
Und Lust zu fabulieren."

1765 Goethe beginnt in Leipzig sein Jurastudium

1770 Studium in Straßburg, wo er Herder kennen lernt. Beziehung zu Friederike Brion („Sesenheimer Lieder", vor allem: „Willkomm und Abschied")

1772 als Praktikant am Reichskammergericht zu Wetzlar lernt er Charlotte Buff kennen, die Verlobte Kestners, die „Lotte" in „Die Leiden des jungen Werthers"

1773 „Götz von Berlichingen" erscheint und macht den Autor bekannt

1774 der Briefroman „Die Leiden des jungen Werthers" erscheint und macht Goethe mit einem Schlag berühmt. Werthermode und Selbstmorde auf Werther'sche Weise

1775 Goethe trifft am 7. November in Begleitung des Kammerherrn Knebel in Weimar ein. Liest sein „Faust"-Fragment den Herzoginnen vor

1776 Beginn der Arbeiten an „Wilhelm Meister"

1779 die erste Fassung der „Iphigenie" entsteht

1784 Goethe entdeckt den Zwischenkieferknochen am menschlichen Obergebiss

1786–1788 Reise nach Italien

1787 „Iphigenie" in Blankversen, „Egmont"

1788 Begegnung mit Christiane Vulpius

1789 Arbeit an „Torquato Tasso" beendet

1790 „Faust. Ein Fragment"

1791–1817 Leitung des Weimarer Hoftheaters

1793 „Reineke Fuchs" entsteht

1796 „Wilhelm Meisters Lehrjahre"

1797 „Hermann und Dorothea"

1806 Trauung mit Christiane Vulpius

1808 „Faust I"

1809–31 „Aus meinem Leben. Dichtung und Wahrheit", „Die Wahlverwandtschaften"

1813–1817 „Italienische Reise"

1831 „Faust II" abgeschlossen und versiegelt

1832 Goethe stirbt am 22. März in Weimar

ANMERKUNGEN UND ERLÄUTERUNGEN

Für die Prosatexte ist die Seiten- sowie die Zeilenzahl angegeben, sonst die Verszeile.

4 *durchaus.* gründlich
13 *Laffen.* Gecken, alberne Menschen
23 *möcht.* würde, könnte
24 *Magie.* gemeint ist magisches Denken und Handeln, Offenbarungszauber
25 *Geistes Kraft.* d. h. der Geisterwelt
48 *gemalt.* d. h. farbig
67 *Nostradamus.* französischer Astrologe des 16. Jh.
v. 77 *Makrokosmos* (griech.). der große Kosmos, also das Weltall
v. 130 *widerlich.* widerwillig, abweisend
136 *neigt.* d. h. macht mich geneigt
163 *Ebenbild der Gottheit.* nach 1. Mose 1, 27: „Gott schuf den Menschen sich zum Bilde"
165 *Famulus.* Diener, Assistent
177 *Museum.* für: Studierzimmer
185 *einstweil.* d. h. einstweilen
186 *Ragout.* Mischgericht
196 *schellenlauter Tor.* Anspielung auf die mit Schellen besetzte Narrenkappe
210 *zu den Quellen.* Hinweis auf das humanistische Streben „ad fontes", d. h. zu den antiken Quellenschriften (von Brecht in „Leben des Galilei", 4. Bild, zornig karikiert)
231 *pragmatische Maximen.* auf Nützlichkeit zielende Moralsprüche
284 *vertripplistreichelt.* Neologismus aus „trippeln" und „streicheln"
312 *geschiedne Butter.* minderwertig, weil nicht frisch (vgl. Schöne, „Faust", Kommentarband, 1994, S. 849)
316 *bass.* veraltet für: besser
bekleiben. haften (vgl. „kleben")
332 *Tempe.* Tal am Olymp, dem griechischen Göttersitz
342 *Collegium Logicum.* Vorlesung in Logik, Philosophie, vgl. Goethes ablehnende Schilderung aus seiner Leipziger Studienzeit in „Dichtung und Wahrheit", 6. Buch (siehe Hamburger Leseheft Nr. 139, Seite 65)
344 *Spansche Stiefel.* Folterinstrument
370 *geistlich.* richtiger: geistig
371 *encheiresin naturae* (griech., lat.). Handgriff der Natur – wobei freilich die bloße Namengebung über den Vorgang bzw. Zusammenhang selbst nichts weiter aussagt
372 *bohrt sich selbst einen Esel.* derb für: sich zum Narren haben
442 *eritis sicut Deus …* (lat.). Ihr werdet sein wie Gott und wissen, was gut und böse ist (Vulgata-Text von 1. Mose 3, 5)
443 *Muhme.* veraltet für: Verwandte
S. 17, Z. 1 *singt runda!* Rundgesang beim Zechen
Z. 2 *gekrischen.* von „kreischen"

Z. 14 *Hammelmaus.* Grille

Z. 16 *Blocksberg.* galt als Versammlungsort und Tanzplatz der Hexen am Brocken

geschunden. abgebalgt, abgezogen

Hahnenkopf. ein abgetrennter Hahnenkopf galt als Unglückszeichen

Z. 17 *Appartinenzien.* von frz. appartenant: was dazu gehört, hier also er selbst

Z. 24 *Rundreim.* Refrain

S. 18 Z. 26 *Sozietät* (lat.). Gesellschaft

nachtnächtlich. d. h. Nacht für Nacht, jede Nacht

Z. 29 *Storcher.* Marktschreier, Vagabund

Z. 30 *inkognito* (lat.). unerkannt

Z. 39 *dem berühmten Hans.* Anspielung auf den derb grobianischen Hans Arsch von Rippach in Goethes Posse „Hanswursts Hochzeit" (1775)

S. 19 Z. 6 *Wurzen.* Ort bei Leipzig

Z. 9 *aus dem Reiche.* gemeint ist: aus Süddeutschland

Z. 10 *fidel* (lat.). lustig, heiter

Z. 23 *einzusuckeln.* einzusaugen

S. 20 Z. 16 *geht an.* d. h. ist leidlich

Z. 20 *Schelmen aus 'm Reich.* gemeint sind süddeutsche Weinhändler

S. 21 Z. 1 *schafft.* so viel wie: befehlt (vgl. anschaffen = anordnen)

Z. 14 *eingeschifft* so viel wie: in Fahrt

Z. 27 *vogelfrei.* rechtlos

471 *Dirne.* veraltet für junges Mädchen

493 *spüren.* erkunden (vgl. auspüren)

502 *Brimborium.* Geschwätz, leeres Gerede

504 *welsch Geschicht.* Hinweis auf das „Dekameron" Boccaccios

506 *Schimpf.* altertümlich für: Scherz

527 *Luzifer.* der Satan

528 *vermünzen.* Besitz zu Geld machen und verschleudern

529 *Kommission.* d. h. ihn beaufsichtigende Zwangsverwaltung (vgl. Schöne, a. a. O., S. 863)

564 *eingeborn.* auf ihr innerstes Wesen verweisend

568 *entwürkte.* so viel wie: entwickelte

591 *wahren.* bewahren

611 *Thule.* sagenhafte Insel im hohen Norden

613 *Buhle.* Geliebte

637 *Guckguck.* so viel wie: zum Kuckuck

659 *petzt.* veraltet für: kneift, quält

668 *Heringsweib.* Fischhändlerin, Marktfrau (mit dem entsprechenden Mundwerk)

673 *Möbel.* von frz. meubles für: Hausrat

674 *profan.* weltlich, unheilig

680 *Himmels-Manna.* das biblische Himmelsbrot

682 *ein geschenkter Gaul.* Anspielung auf das entsprechende Sprichwort

709 *am ersten war ja so nicht viel.* womit Mephistos Verdacht, vgl. Verse 591–595, widerlegt ist
713 *wie Brei.* schwerfällig, zäh
722 *Stroh.* Strohsack für: Bett
728 *Totenschein.* ohne diesen Schein könnte sie nicht wieder heiraten
763 *Schmeid.* Geschmeide
785 *Messen.* Seelenmessen, Gottesdienste für den Verstorbenen
796 *Requiem.* Totenmesse (vgl. Anm. zu Vers 785)
800 *Galan.* vornehmer Liebhaber
808 *auf der Zeche.* d. h. auf dem Kerbholz (wo im Gasthaus Schulden festgehalten wurden)
835 *ein schönes Fräulein.* d. h. ein leiches Mädchen, eine Hure
836 *Napel.* Neapel
838 *dass er's bis an sein selig Ende spürte.* d. h. er ist an der Syphilis gestorben
839 *Schelm.* Schuft, Schurke
855 *um das Geding.* unter der Bedingung, Voraussetzung
879 *fördern.* vorankommen
891 *sancta simplicitas!* (lat.). heilige Einfalt
895 *das Erst.* das erste Mal
902 *Sophist.* ein spitzfindig Argumentierender
941 *in raschen Jahren.* d. h. in jungen Jahren
944 *Hagestolz.* veraltet für alter Junggeselle
950 *häufig.* hier nicht temporal, sondern quantitativ gemeint
961 *Wirtschaft.* Haushalt
991 *durfte.* gemeint ist: brauchte
999 *mutig.* so viel wie munter, unbeschwert
1015 *Frechheit.* Kühnheit
1020 *Freches, Unanständiges.* so viel wie Unziemendes
1021 *wandeln.* anwandeln
1022 *Dirne.* s. Anmerkung zu Vers 471
1050 *man kommt ins Gespräch.* d. h. ins Gerede
1052 *Sommervögel.* Schmetterlinge
1114 *wenn ich etwas auf dich könnte!* d. h. dich beeinflussen könnte
1115 *die heil'gen Sakramente.* Taufe, Firmung, Abendmahl, Buße, Letzte Ölung
1117 *Nachtmahl.* Abendmahl
1152 *Katechismus.* Lehrbuch des christlichen Glaubens
1193 *Antipathie.* Abneigung
1200 *betroffen.* ertappt
1213 *Grasaff.* eingebildete Person (vgl. Schöne, a. a. O., S. 889)
1231 *Sinn.* Gesinnung
1239 *betört.* richtiger: betören lassen
1247 *kurtesiert.* macht ihr den Hof (vgl. frz. cour)
1252 *Blümchen.* Jungfräulichkeit
1255 *'nabe.* hinab (auf die Straße)
1256 *Buhlen.* Geliebten
1260 *Kirchbuß.* Sigrid Damm, „Christiane und Goethe", Frankfurt/M. 1998, schildert ausführlich die Kirchbuße in Weimar zu Goethes

Zeit sowie die damit verbundenen Geld- und Freiheitsstrafen für „vorehelichen Beischlaf“ (S. 128–131)

1264 *durch.* durchgebrannt

1268 *schmälen.* herabsetzen

1269 *fehlen.* sich verfehlen, vergehen

1275 *bloß.* bloßgestellt

v. 1278 *mater dolorosa.* lat. Schmerzensmutter: Maria, die Mutter Gottes

1281 *das Schwert im Herzen.* im Barock wurde die mater dolorosa oft mit einem der sieben Schwerter im Herzen dargestellt

1282 *taub.* so viel wie dumpf, betäubt

1299 *Scherben.* Blumentöpfe („Scherben“ für: Keramik)

v. 1311 *Exequien* (lat.). die Totenmesse

1314 *verblättert.* d. h. mit den Spuren häufiger Benutzung, wiederholten Blätterns

1323 *in die Pein hinüberschlief.* d. h. sie starb ohne eine letzte Beichte, ohne Sterbesakramente (Letzte Ölung)

1326 *Mal.* ein Stigma, mit dem Gretchen gebrandmarkt sein wird

1333f. *dies irae, dies illa …* (lat.). der Tag des Zorns, jener Tag wird die Welt in Asche auflösen (auf das Jüngste Gericht verweisend; aus der Liturgie der Totenmesse)

1336 *der Posaunen Klang.* die Posaunen des Jüngsten Gerichts

1340f. *zu Flammenqualen …* d. h. Gretchen werde im Jüngsten Gericht der Hölle überantwortet

1348ff. *iudex ergo cum sedebit …* (lat.). wenn der Richter so zu Gericht sitzen wird, wird offenbar werden alles, was verborgen ist, nichts wird ungestraft bleiben (vgl. Anm. zu Vers 1333f.)

1361ff. *quid sum miser …* (lat.). Was soll ich Elender dann sagen? Wen zum Fürsprecher erbitten, da der Gerechte kaum sicher ist? (vgl. Anm. zu Vers 1333f.)

1370 *quid sum miser …* vgl. Anm. zu Vers 1361ff.

1371 *Fläschchen.* gemeint ist das Riechfläschchen, um einer Ohnmacht vorzubeugen

1379 *Schwadronieren.* wortreiches, prahlerisches Schwätzen

1402 *so sieht's.* zu ergänzen: aus

1407 *Rammelei.* derb aus der Jägersprache für: Geschlechtsverkehr

S. 51 Z. 12 *großer, herrlicher Geist.* Faust erinnert sich an die Erscheinung des Erdgeists (Vers 130ff.)

Z. 19 *Rächer.* gemeint ist die Obrigkeit (vgl. im Neuen Testament Röm 13, 4)

Z. 29 *Blutschuld.* gemeint ist die (erst in „Faust I“ dargestellte) Ermordung Valentins

1436 *Rabenstein.* verrufener Hinrichtungsplatz

S. 52 Z. 2 *längst verwohnt.* d. h. seit langem nicht mehr gewöhnt

S. 53 Z. 4 *Liedcher.* mundartl. für: kleine Lieder

Z. 10 *Heulen und Zähnklappen.* vgl. im Neuen Testament Matth. 8, 12

Z. 37f. *Stecke den Degen ein!* Hinweis auf Fausts Zweikampf mit Valentin, in dem dieser getötet wurde (vgl. Anm. zu S. 51 Z. 29)

S. 54 Z. 29 *das Stäbchen bricht!* das Zerbrechen des Stabes durch den

Richter bedeutet endgültig das Todesurteil. Der Verurteilte wird damit dem Henker (auch Nachrichter genannt) zur Vollstreckung des Urteils übergeben

Z. 38 *Ich lasse dich nicht!* Ausspruch aus dem Kampf Jakobs mit dem Engel, vgl. 1. Mose 32, 26

Z. 41 *Sie ist gerichtet!* vgl. den Urteilsspruch über Faust im Puppenspiel der Goethezeit (s. in Hamburger Leseheft Nr. 99, „Doktor Johannes Faust. Ein Puppenspiel“, Seite 36)

ANHANG

Frühe Belege zur Arbeit Goethes am „Faust"-Stoff

Wohl der erste Beweis, dass Goethe eine „Faust"-Dichtung begonnen hatte, ist ein Brief vom Sommer 1773, in dem sich Friedrich Wilhelm Gotter aus Erfurt für die Übersendung des „Götz von Berlichingen" bei Goethe bedankt. Darin finden sich die Knittelverse:

„Schick mir dafür den ‚Doktor Faust',
Sobald dein Kopf ihn ausgebraust!"

Der Schriftsteller Heinrich Christian Boie (1744–1806), Mittelpunkt des Dichterbundes Göttinger Hain, notierte am 15. Oktober 1774 in seinem Tagebuch:
„Einen ganzen Tag allein, ungestört mit Goethen zugebracht, mit Goethen, dessen Herz so groß und edel wie sein Geist ist! … Er hat mir viel vorlesen müssen, ganz und Fragment, und in allem ist der originale Ton, eigne Kraft, und bei allem Sonderbaren, Unkorrekten, alles mit dem Stempel des Genies geprägt. Sein ‚Doktor Faust' ist fast fertig und scheint mir das Größte und Eigentümlichste von allem."

Der großherzoglich-weimarische Kammerherr Karl Ludwig von Knebel (1744–1834), über den Goethe im 15. Buch von „Dichtung und Wahrheit" schreibt, teilt über seinen Besuch bei Goethe im Dezember 1774 an Friedrich Justin Bertuch nach Weimar mit:
„… So viel von Goethe! … Ich habe einen Haufen Fragmente von ihm, unter andern zu einem ‚Doktor Faust', wo ganz ausnehmend herrliche Szenen sind. Er zieht die Manuskripte aus allen Winkeln seines Zimmers hervor."

In Goethes Autobiographie „Aus meinem Leben. Dichtung und Wahrheit" heißt es im 18. Buch über den Besuch, den Klopstock im März 1775 bei ihm in Frankfurt machte:
„Einige besondere Gespräche mit Klopstock erregten gegen ihn bei der Freundlichkeit, die er mir erwies, Offenheit und Vertrauen: ich teilte ihm die neuesten Szenen des ‚Faust' mit, die er wohl aufzunehmen schien, sie auch, wie ich nachher vernahm, gegen andere Personen mit entschiedenem Beifall, der sonst nicht leicht in seiner Art war, beehrt und die Vollendung des Stücks gewünscht hatte."

An Auguste Gräfin zu Stolberg (1753–1835) schreibt Goethe am 17. September 1775:
„Ist der Tag leidlich und stumpf herumgegangen; da ich aufstund, war mir's gut, ich machte eine Szene an meinem ‚Faust!'"

Friedrich Leopold Graf zu Stolberg (1750–1819) schließlich, der Bruder Augustes, und wie Boie Mitglied des Göttinger Hainbundes, hatte Goethe, mit dem er befreundet war, in Weimar besucht und war anwesend, als Goethe der Herzogin-Mutter Anna-Amalia und der Herzogin

Luise, der Gemahlin des Großherzogs, das „Faust“-Fragment vorlas. Höchstwahrscheinlich war es der Text, von dem die Hofdame Louise von Göchhausen ihre als „Urfaust“ bekannte Abschrift anfertigte. Graf Stolberg schreibt darüber am 6. Dezember 1775 an seine Schwester Henriette:

„Einen Nachmittag las Goethe seinen halbfertigen ‚Faust‘ vor. Es ist ein herrliches Stück. Die Herzoginnen waren gewaltig gerührt bei einigen Szenen.“

ZUR TEXTGESTALTUNG

Der Text folgt im Wesentlichen dem der Hamburger Ausgabe von Erich Trunz, wobei die Frankfurter Ausgabe von Albrecht Schöne zusätzlich zu Rate gezogen wurde. Die Rechtschreibung wurde den neuen amtlichen Regeln behutsam angepasst.